钟泰 著

钟泰著作集

钟泰诗文集

6

上海古籍出版社

整 理 说 明

　　《钟泰诗文集》收录钟泰先生的诗文、序跋、书信、随笔、讲义及个人总结、自书简历、教学计划等诸多留存文稿。所收诗文，最早作于1920年左右，最晚作于1972年。原稿为手稿、抄稿及少量刊印稿，由钟斌先生搜集、保存，并据原稿录入并加标点。

　　诗集部分，由汪广松先生负责整理，写作日期尽可能按年、月、日排列，列为辑一，不能明确系年的列为辑二。其中不易辨认的字用"□"标明。作者原注排在此首诗之后，整理者注释（含钟斌先生注）排为页下注。王敏艳、胡秀娟女士对此次整理亦有贡献。

　　文章和书信部分，由郭君臣、李阿慧先生据稿本、抄本、刊印稿校对文字，订正标点。原稿中脱字或字迹无法辨认的，用"□"标明，有疑而无法断定的且照录。

　　由于整理者水平有限，错误和缺憾在所难免，还望读者不吝赐教。

目　　录

诗　辑　一

1

目　录

3

目　录

目 录

目 录

11

诗　辑　二

论　说

记　传

序　跋

书　信

随　笔

目 录

讲 义

其 他

诗 辑 一

杭州之江大学校歌①

1926

越之山上骞兮其如龙，越之水下走如虹。

山与水兮，结兹奥区兮，惟吾大学之是容。

地灵人杰天所钟，金华文献，永嘉事功。

慎独蕺山良知，姚江先民贻我兮，矩矱何恢宏。

海禁开，轮舶通。

合古今，贯西东。

准时酌，宜折乎？

中□谁任，此吾其雄。

杭州之江大学运动会歌

1926

葱葱山色，浩浩江潮。

东南旺气未全销。

仲谋何在，武肃云遥。

教人怒目看天骄。

卓荦为杰，发愤为豪。

乾坤负担在吾曹。

雕盘鹰驶，气爽秋高。

看今朝谁得锦标。

---

① 吴惠津制英文歌，钟泰制中文歌。

杭州之江大学运动会精神

1926

之江之江,运动员真精神。

之江之江,运动员,看你得第一名,兴高采烈。

各种比赛竞争,个个奋勇称能。

之江之江,运动员真精神。

游 罗 浮 作^①

1930

天南有粤岳,比岱华嵩霍。　前罗后曰浮,铁桥相贯络。

广袤百里外,气势何磅礴。　四百卅二峰,一峰一谷各。

幽闳深且险,自来苦缒凿。　况复多异产,灵怪之所托。

山经草木状,不能尽其略。　是以游览人,相顾为前却。

偶窥门户止,归持诧城郭。　惟余宰此邑,计日三月弱。

官身不自主,屡误山灵约。　方谓无稽言,不幸有时著^{〔一〕}。

一朝自劾去,如鸟脱矰缴。　多闻曾夫子^{〔二〕},示我山中作。

志乘漏未载,一一为扬攉。　并许偕我游,千金重一诺。

萧王二少年^{〔三〕},志趣能我若。　不忧罢官贫,但快游山乐。

晨装鸡未鸣,夕泊日已落。　前驱有百夫,凤驾无四骆。

修途七十里,颠顿亦云虐。　殷勤冲虚主^{〔四〕},卧我好斋阁。

饷我红米饭,香味过精凿。　自此三日间,日日不停屦。

---

①　据《钟泰》日录,《游罗浮作》一诗为钟泰先生一九三〇年辞去中华民国广东省政府秘书、代理秘书长之职后游罗浮山归时所作,曾刊载于一九三〇年《旅行家》杂志。现据原稿录出。

朱明山正中,廊庙等严恪。青霞隐逸流,萧洒与酬酢。

石洞顽以野,不衣露肩髆。窈窕麻姑峰,两颊殊瘦削。

老人尔何为,终古不移脚。峥狞石蝦蟆,怒目睨鹰鸥。

狮子喑不吼,只爪双寺攫[五]。石楼遥相望[六],虹霓与驾格。

窈窕数黄龙,轩豁让白鹤。东西两龙潭[七],飞瀑挂银箔。

循涧穷其源,大石历磊硌。或立如马牛,或卧如鲛鳄。

或累如碓磑,或列如笙箫。或窾如鼻口,或侈如龈齶。

或丛如莲华,或坼如笋箨。石既万形状,步亦千相度。

有时虎而跳,有时雀而跃。忽进忽退狼,一屈一伸蠖。

上跻龟蹒跚,旁行蟹郭索。疾趋奔水狐,仰攀接枝玃。

避碍身伛偻,临危足踧踖。计殚魂魄战,势迫性命博。

归来惊神定,深夜还笑谑。自惭同育侣,胆力信超跞。

后来朱队长[八],轻捷如燕掠。时时扶掖我,幸免失足错。

又有白道士,金经换干镆[九]。冒险为前探,所向悉坦绰。

曾君老成人,持重亦非怍。谋臣异战将,指踪在帏幕[一〇]。

酬勋膺懋赏,各进无算爵[一一]。山南胜界尽,山北眼更拓。

酥醪小桃源,分霞实锁钥。舆行卅里间,水声闻泼渤。

匆匆茶山庵,佳茗不及瀹。浮山第一楼[一二],两夜暂栖泊。

秋菘可以茹[一三],春酒可以酌[一四]。思得十亩地,终身老荷镬。

石灶仙人遗,于焉炼灵药。至今无昼夜,跳珠沸汤镬。

茅坪古梅窅,小径通略约。艮泉出山背,饮之甘如酪。

更上白水门,缭绕磴道迮。顾与曾老别,何时复聚醵[一五]。

君为在山草,我若随风萚。竹篼制何陋,一板两竿缚。

乍离树梢冒,忽共山石遌。踟蹰坐不安,骇汗视为瞙。

息阴冷如浸,当日热似灼。一时异寒暑,不啻秋病疟。

蓦惊银河水,倒泻在岩崿。人间愁久旱,此地独不涸。

想见春夏时,水石怒相搏。楚汉百万兵,轰隐斗荥洛。

5

言寻古瑶台，失路愁跬踱。无意偶得之，大叫喜且愕。

十二玉琅玕，拔起千仞壑。高低生杂树，青碧间丹膗。

天风一回荡，霞彩久闪烁。驾桥吾欲往，所惜无长絆。

但看藤蔓牵，纚纚垂璎珞。望望飞云顶，苔峣以崭峇。

上界有三峰，相对郼与鄗。草木所不植，玉屑白皭皭[一六]。

独有杜鹃花，粗于小儿膊。繁枝撑翠盖，圆若弓满彏。

何殊滔滔世，孤直抱謇谔。蹴空一路上，四顾天宇廓。

前临博罗城，平野莽广莫。高陵小如垤，湖浸只一勺。

后顾龙门县，直入云漠漠。层峦与叠嶂，大笔乱皴皯。

惠州东江头，烟水界圻堮。增城西山阴，冈阜带林薄。

安所得金篦，一刮眼中膜。直穷千万里，了了无垠鄂。

西下华首台，未至闻铃铎。斜阳射锦屏，灿烂煜焯爝。

草中花角鹿，惊起走怵臲[一七]。山行数日中，新月已吐锷。

光景去何速，逸兔追宋鹊。寺古殿半圮，破瓦柱朽欂。

模糊金像面，风口就销铄。中兴独长老，遗制留巨镬[一八]。

绕座五百人，盛事今非昨。正法坠大明，异说耀萤爝。

夜宿北房下，不寐苦蚊虫。深林啼鹧鹧，触耳如败柝。

因思兹游味，虽苦耐咀嚼。佳处十得九，所遗亦糟粕。

但恨杀风景，林木半被斫。哀哉十万松，何罪遭炮烙[一九]。

至今山童童，有若去毛羯。当时讲学地，风流同寂寞。

甘泉旧精舍，墙址余坏垩。洗公读书台[二〇]，刻字仅可摸。

逃闇[二一]空石门，韶台没丛箬[二二]。惟存四贤祠[二三]，想像见矩彠。

蹁跹如盘蝶[二四]，璀璨五色雀[二五]。灵符赤竹文[二六]，仙梦梅绿萼。

非时未一遇，美中犹有恶。晓起饱香厨，鱼肉逊葵藿[二七]。

程期难久滞，归路携细箬[二八]。多谢宝积僧，赠塔压装橐[二九]。

却顾合掌岩，送我如欷魄。迂回邱陇间，处处正秋获。

老农指语我，暵旱久熇熇。可怜数亩稻，一半倒枯燋。

辛勤终岁耕,得不盈升龠。闻言中心惭,两月玩民瘝。

亡羊罪则均,宁别读与簿。两来亦何迟,客馆始滴沰〔三〇〕。

若相游山人,解嘲还一噱。

原注:

〔一〕博邑有言曰:"有约不到罗浮。"

〔二〕邑人曾雪凡明经。

〔三〕萧世平,宜兴人,王生子慧,揭阳人,二人从我于博邑。

〔四〕冲虚观道士。

〔五〕宝积寺、延祥寺并在狮子峰下。

〔六〕大小石楼。

〔七〕东龙潭在水帘洞即白鹤观后,西龙潭在黄龙洞。

〔八〕响水区队长朱培成迟百米从游。

〔九〕白本黄埔军校生,弃军职入山为道士,人言如此。

〔一〇〕两处曾君皆同去而止于中道,告我以形势途径。

〔一一〕曾君与朱、白皆善饮。

〔一二〕酥醪观楼名,黄香石题。

〔一三〕洞中产蔊,即名酥醪菜,甚肥美。

〔一四〕观后有酿泉,酿酒甚甘。

〔一五〕曾由酥醪回城。

〔一六〕山顶产石英如玉屑。

〔一七〕过锦屏峰惊起一鹿。

〔一八〕明季道独中兴,华首台所制巨钟犹在寺门。

〔一九〕寺僧伐松烧炭。

〔二〇〕冼桂奇读书台在青霞洞。

〔二一〕叶春及逃闇在石洞。

〔二二〕庞嵩韶台书堂在黄龙洞。

〔二三〕今在黄龙观侧,奉祀周濂溪、罗豫章、李延平、陈白沙四先生。

〔二四〕胡蝶洞蝶大如盘。

〔二五〕酥醪洞有五色雀。

〔二六〕符竹峰产竹,背有赤文如符箓。

7

〔二七〕山中各观皆茹荤腥,至华首始素食。

〔二八〕于山涧中采石菖蒲茹数茎携归。

〔二九〕宝积寺僧严真见赠梁景泰禅师造瓦塔一具。

〔三〇〕到省,翌日大雨。

冬日薄暮,九溪十八涧道中①

寂寂寒山竹影斜,茗田时见两三花。
樵人归去暝烟起,一路溪声送到家。

和丁孝宽种菜诗原韵②

抱瓮区区未可方,先生无事课园忙。
菜根咬得丹头足,那用黄芽与素霜。

浇水驱鸡日几巡,更忧虫蚀撒灰频。
艰难稼穑真堪念,半亩寒蔬费许神。

题王潜楼秋山图长卷③

青山红树一重重,万里全收咫尺中。

① 诗作原稿有"由龙井经"四字,后删,当于杭州有关,或在之江大学时期。钟泰于
1923 年 8 月至 1928 年 7 月任杭州私立之江大学中文系主任兼教授,之后赴广东任职,1930
年 2 月至 1937 年 10 月复任之江大学中文系主任兼教授。
② 此诗书写在"杭州私立之江文理学院信笺"上。写作时间应在之江大学时期,下同。
③ 此诗书写在"杭州私立之江文理学院信笺"上。

不是华端多狡狯，原来造化在君胸。

作吏归来剩草堂，竹窗棐几对钱塘。
眼前貌得江山景，绝似当年戴鹿床。

十年梦想买山居，展卷苍茫意欲迷。
安得此中容我住，一椽结在乱峰西。

秋山明净似妆时，处处霜林点染之。
何用逢人索题句，先生自有画中诗。

孤　军①

誓为神州洗诟羞，孤军抵死扼江流。
信知折鼎无完足，肯把降幡易一头。
传檄虏酋齐变色，揭竿民社尽同仇。
兵家胜败寻常耳，志决东隅有日收。

感　愤②

锦鬎华灯舞未停，笼城炮火射天惊。
军储狼藉翻资敌，骑士乌屯坐弃营。
私斗久知公战怯，外忧竟与内灾并。
可怜坐论中朝贵，犹望平和仗列盟。

---

① 此诗书写在"杭州私立之江文理学院信笺"上。
② 此诗书写在"杭州私立之江文理学院信笺"上。

有　感①

北斗堆金恨不多，巢倾其奈堕雏何。
海西乐土徒虚语，啄粟君听黄鸟歌。

咏　枫　叶②

漫诩胭脂点染工，枝头能得几时红。
西风一夜看摇落，眼冷青青涧底松。

哀义宁中丞四首

沧海横流日，东山失伟人。苍生方悼惜，黄屋遽亲巡。
难瞑江湖目，先归箕尾神。盖棺言未已，公论几时伸。

开府恢雄略，还山郁壮图。田园有松菊，天地竟榛芜。
马肿警相怪，蝇营语人诬。廉颇思用赵，负负向谁呼。

舆人杀子产，荐士死祢衡。锄蕙私心疚，弹蕉众喙横。
白头虚报国，赤舌枉烧城。为想崝庐梦，犹怀王室争。

---

①② 此诗书写在"杭州私立之江文理学院信笺"上。

10

倚仗关天意，安危切主忧。一灯伤往昔，双泪洒神州。
昭雪宁无日，清风憾不留。空传会昌集，馀事足千秋。

丁丑冬月避兵建德西乡之徐闬，赋谢伯玉、鹤汀两先生

1937

乱离那复计安便，朋好周旋自夙缘。
三月聚粮容卒岁，把茅盖顶失忧天。
旧知古道存乡僻，可许余生老壑泉。
高谊报君何所有，诗书传与后来贤[①]。

志 痛

丁丑[②]冬十二月廿七日作，于建德下涯源

转战犹他县，讹言已遍村。风林无静羽，雨夜有惊魂。
苟活何当久，寒槁且自温。却怜屠戮惨，先日到鸡豚。

清野每坚壁，中干尚外强。人谋殊草草，天意亦茫茫。
脱命鱼潜壑，号空雁失行。谁知留老眼，雨泪看沧桑。

祸结齐奸遂，形成楚战邹。豚牛徒自况，狼狈孰同仇。
一夕长堤溃，何时半壁收。南冠吾祖旧，宁复惜累囚。

---

① 诗后有“钟山民初稿”字样。
② 丁丑指 1937 年。

覆棋原一子,弄火有群儿。未至吴争霸,先同郑弃师。
饥疲鞭不起,重险设何施。京阙崔巍尽,何心续五噫。

国是翻云雨,生灵忍草菅。封椿空杼柚,飞檄暨苗蛮。
肉割疮无祸,器残鼠益顽。从来制夷狄,难在战和间。

已矣妖鸣社,伤哉兽食人。蔽天鹰隼下,当道虎熊踆。
蹢躅今何世,悲歌夜不晨。机心兵祸始,吾欲罪椎轮。

雨中登岳阳楼

戊寅六月

岳阳楼上雨吹风,岳阳楼下水连空。
纳胸云梦情空在,破阵钱塘信莫通。
只恐再来同化鹤,那堪六月见哀鸿。
戈船满眼诚何事,枉费横江铁锁功。

过李邺侯书堂①,有感于古今之故,率赋一绝

勚济从来出简编,十年宰相岂徒然。

---

① 唐代李泌曾隐于衡山。钟泰于 1938 年 11 月—1943 年 7 月应校长廖世承之聘任湖南蓝田国立师范学院中文系教授、国文科科长。据《雨中登岳阳楼》诗,钟泰 1938 年 6 月已至湖南岳阳,到蓝田就职时间充裕。据《钟泰》日录,1943 年 7 月 6 日钟泰由蓝田至湘潭,启程前往贵阳大夏大学任教。7 月 10 日六点到衡阳,11 日七点上零陵车,停留衡阳只一天。后有诗《衡阳雨中登回雁峰》,而回雁峰在今雁峰区,衡岳在今南岳区,两地相距较远,不可能一天尽游。由雁峰区至零陵较南岳区近,故推断游衡岳当在 1938 年由浙江到湖南蓝田途中(有《由衡岳赴蓝田国立师院途中所得诗》),而登回雁峰则在 1943 年由衡阳至零陵途中。

诗书展阅人才少，虚气游谈经子怜。

晚　望[①]

山作麻披雨作丝，半宜图画半宜诗。
看山听水年来惯，最是湘江晚望时。

南 岳 遇 雨

雾态烟容亦一奇，乱峰偏与雨相宜。
不辞衣履齐沾湿，绝胜晴明初见时。

感　事

北山松柏种犹新，碧殿朱楼易主人。
恶兆早知今日事，六街车过总烟尘。

草　堂

礼器飘零亦可伤，前驱麃豕后豺狼。
未须抉目东门上，但视兴衰一草堂。

---

① 此诗与《南岳遇雨》、《感事》、《草堂》在同一页信笺上。

偕周伦生兄游方广，谒朱、张二贤祠①

平生山水兴，遭寇摧无遗。　两月岳北住，懒废亦自疑。
山色日在眼，胜处未一窥。　主人爱客心，故为山说辞。
鼓我作我气，如神针起痿。　言寻方广幽，便探龙潭奇。
迤逦溪谷中，修竹相蔽亏。　昔者朱与张，岳游亦道兹。
经行流连处，往迹犹可追。　天台何崔巍，雷池何清漪。
亭亭青莲花，一一花叶披。　自西而徂东，周旋乃中规。
圆成此道场，信出天设施。　彼教那得攘，二贤来应之。
缅维走风雪，一会岂徒为。　讲习取丽泽，应求同吹篪。
溯源濂溪水，滴滴到洛伊。　一朝识太极，冰炭涣以怡。
至今明月下，俨然双须眉。　晨兴展祠宇，再拜心怀悲。
夷狄厄中夏，今昔同一时。　谁支圣道衰，谁拯生民危。
遗书在天壤，谅哉百世师！　浅尝既卤莽，旁骛仍支离。
我行师子峰，自愧师子儿。　名学三十年，于世无少裨。
石楼不可留，再来南山陲。　三千八百庵，处处残废基。
岂不思隐遁，买山安得资。　况乃寇方炽，飘泊难自期，
进同鲇上竿，退类龟负碑。　触境多感慨〔一〕，抚时忽推移。
心田〔二〕迟一宿，濛雨易赫曦。　虽复苦沾湿，差喜就坦夷。
归来读战报，万家扶疮痍。　人类几豺狼，太息文公诗。

原注：
〔一〕所经有竹竿岭、上下石碑冲。
〔二〕旧庵名。

---

① 南岳方广寺景区有二贤祠。

14

东湖至西岭道中①

稻畦处处枧通水,茅舍家家架有瓜。
竹影连山浑忘暑,溪声满耳不知哗。

过岭口占赠舆夫

敢以吾安忘汝疲,磴危日午腹还饥。
团团笠曳迟迟影,步步真同上岭龟。

岳 庙 望 岳

霁雪开云只偶然,山灵何意秘其全。
我来不用投诗祷,十二峰都落眼前。

南岳峰峦重叠,而山阳林木绝少胜,
可以一览尽也,为缀二十八字解嘲

更无林木为韬形,百里峰峦一望横。
却笑楚山如楚士,解衣磅礴太粗生。

---

① 此诗与《过岭口占赠舆夫》、《岳庙望岳》、《南岳峰峦重叠,而山阳林木绝少胜,可以一览尽也,为缀二十八字解嘲》诗在同一页诗稿上。

15

晓由衡山归

夹道桐荫绿未成,晓凉差喜片云生。

兵兴未改承平象,处处人家打稻声。

由衡岳赴蓝田国立师院途中所得诗[①]

1938

辞衡岳,应蓝田师范学院之招

迂慵已分老蒿莱,何意山中尺简来。

匪寇疑亡占雨吉[一],图南时至得风培。

似闻石鼓存规制,亦幸蓝田有玉材。

回首岳云还自念,成章狂简若为裁。

过红土山,大风雨,寒甚

山行原乐事,但苦雨兼风。雨打轿四漏,风穿袍若空。

役夫兴怨语,爱子有愁容[二]。告汝休愁怨,何如堑垒中。

蒋市街至沙田铺,风雨犹未止

晓发蒋市街,午饭沙田铺。卅里风雨中,今始知行路。

---

① 钟泰 1938 年 7 月至 1943 年 11 月任教湖南蓝田国立师范学院。以下诸诗(从《辞衡岳,应蓝田师范学院之招》至《火铺》),共十一首,刊登在湖南国立师范学院《国师季刊》第一期。

宿石子街，闻隔邻读书声甚勤，未及访也

暮投火铺三家村，何人夜诵声透垣。

搅我好眠亦心喜，山乡未断读书根。

永丰至杨家滩道中

永丰过去杨家滩，九十行程半是山。

客子心情愁日晚，初冬天气见枫丹。

逢人问路千言费[三]，数米为炊一饭难[四]。

差喜晚菘风味好，不辞粗粝为加餐。

过 马 山

一径下寒云，山平路亦分。

河沙乱牛迹，社木聚鸦群。

水涸冬耕急[五]，棉丰晚织勤[六]。

愧他劳力者，我老厕斯文。

至走马街道中

林稀田与山争地，堰废河随沙改流。

几户小桥成聚市，谁家孤冢占高邱。

裹头装束犹清代，鸠舌声音近朗州。

自是民贫非俗薄，寒炉一火也难求[七]。

梅 林 江

梅林江好似桐江，小市临流灯影双。

可有羊裘泽中隐，相从来泛钓鱼舡。

17

晓发梅林市，去蓝田不及五十里矣

梅林江上尚鸡鸣，蓐食匆匆又启程。

晓雾淡摇人似影，寒沙暗溜水无声。

路工粗毕争趋径[八]，天意相怜特放晴。

为惜舆人肩力乏，几回拄杖下舆行。

杨　家　滩

不用将军指路碑[九]，杨家滩子是人知。

名园大宅遥相望，想见中兴极盛时。

火　　铺

矮灶煨煤火，连床藉稻稭。

豚分人室处[一〇]，主让客楼栖[一一]。

盐贵羹无味，泉浑饭有泥。

几回惊好睡，恼杀枕边鸡[一二]。

原注：

〔一〕寇警稍弛，乃得成行。行日已有雨意。

〔二〕悌儿从行。

〔三〕过永丰后，舆夫不识路，问路而行，而语音不同，问必数变其音而后解。

〔四〕火铺不卖饭，但卖米，必先称米而后炊，炊熟已饥不可忍。

〔五〕冬后耕田蓄水，腐草为肥。此自衡山一路皆然，江南所未见也。

〔六〕湘乡多山棉，土布机声相接矣。

〔七〕晓寒，以小木炉过人家乞火温足，出银三分而后得之。

〔八〕过杨家滩，沿湘黔路路基而行。

〔九〕沿路路碑皆题名，将军箭不知何出。

〔一〇〕一室土墙隔，其半为豚栅。

〔一一〕客多不能容，主人让客，夫妇梯而登楼，支板宿焉。
〔一二〕床头即鸡栖。

始至蓝田作①

1939

人间藕孔觅应难，泛泛萍踪止便安。
棉贱不愁衣袴薄，菜多且放胃肠宽。
青怜屋后松千本，净爱门前水一湾。
山鸟啁啾如告慰，寒空久息老雕盘。

游沩山题镜子石②

大地山河一鉴中，天成非锡亦非铜。
禅人到此分明觑，莫更磨砖枉用功。

沩山道中作

沩山山下好人家，雪满门前荞麦花。
穀已上仓无个事，断流垒石漉鱼虾。

---

① 此诗刊登在湖南国立师范学院《国师季刊》第二期。
② 沩山在湖南，此诗或为钟泰在蓝田学院时期所作。

游大沩山密印寺示潜上人

沩山善知识，步步引人入。偶然见机用，骇愕出向习。
道场信天设，规制宽不急。峰峦四围绕，俨若莲瓣袭。
中抱万亩田，山畲胜原隰。何止五百人，千户食馀粒。
我登毗卢顶，灏气与呼吸。远瞻南岳尊，下视雪峰揖。
所嗟林木尽，肉山今骨立。银杏既已摧，塔院圮不葺。
末法浩劫俱，诸天应夜泣。上人能敬客，指顾沸炊汲。
帷灯对茗语，参问过自挹。岂不思相益，老媿学不给。
山下牯牛句，为子更诵及。

偶　　感①

始祸何心只诡随，势成无术固藩篱。
车书自坏同文盛，诗礼翻供发冢资。
未尽国能徒丧步，已颠本实岂馀枝。
刳心沥血言何益，烂额焦头救未迟。

读明倪文贞公诗集，窃效其体②

老矣双蓬鬓，怀哉一亩宫。蚓操惭巨擘，躻行谢重瞳。
曲突谁先识，投钩岂至公。可怜新妇智，何似阿翁聋。

---

① ② 此诗写在"国立师范学院公事用笺"上。

宁乡官山谒宋张忠献公、张宣公墓^①

父子声名万古存，异同成败未须论。

纵参禅学何妨道，能抗金师便绝伦。

教泽城南馀讲舍，岁时祠下出藏尊〔一〕。

还京何日垂垂老，泪眼西风拜墓门。

原注：

〔一〕藏宋赐尊尚在。

酒后偕梧封、子毅两君登水晶阁^②

1939

双柏临流翠欲凝，何年高阁见觚棱？

偶扶残醉寻幽地，更倚危梯到上层。

日脚斜穿天似盖，飚轮飞踔路如绳。

老来渐减风云气，一啸凭阑我尚能！

筒　车^③

1939

揉木以为轮，截竹以作斗。轮则函之凿，斗则哆其口。

---

① 湖南省宁乡县官山乡有南宋张浚、张栻父子墓。

②③ 此诗刊登在湖南国立师范学院《国师季刊》第二期。

支柱应玑衡，斗合象牝牡。上接枧道横，下当溪流走。

翩翩轮自转，沉沉斗频受。汩汩无昼夜，溶溶遍畎亩。

是名曰筒车，其制传已久。取材有异同，为用无好丑。

翁山新语篇，载记文不苟[一]。巽水而上水，井象分明剖。

化裁存乎变，睿思出巧手。渴免陌未如，龙骨劳难偶。

激行真在山，何论吕与阜。惜哉创始人，姓字失谁某。

楚南尽两粤，梯田十八九。苟非赖此功，燠旱惟坐守。

鄙生无通识，苦将机事掊。宁知利害间，一视人自取。

器如不求新，生亦何由厚。不见孔圣人，弹呵抱瓮叟。

原注：

〔一〕屈翁山《广东新语》记筒车文甚美。

石　猫　岭①

1939

我观安化志，连篇侈山水。而独常安乡，说山无半纸。

岂以山非高，置之不足齿。兰田升平桥，两水何迤逦。

其旁多丘陵，闲静亦可喜。暍来师院教，课散苦无俚。

往往穷幽遐，一往便欢里。一木一石间，得意为停趾。

望外获异境，孤峰特秀起。如馋见美馔，那肯舍之止。

披榛越厓阻，不惜刺破履。循腰造其颠，胜更出所揣。

下陷壑窈深，上矗岩岌峨。高低十亩内，怪石满眼是。

近则攒以簇，远或角以犄。位置各得宜，似由巧匠使。

---

① 此诗刊登在湖南国立师范学院《国师季刊》第二期。

穷人忽富想，一一相指拟。若者宜亭榭，若者宜堂记。

若者池可凿，若者泉可酾。后以植松柏，前以种桃李。

架以藤与萝，砌以兰与芷。尽收四面山，置我窗下几。

坐卧把一卷，足可乐忘死。因知地多奇，远索诚无以。

好事汗漫游，不信目信耳。竞夸华与嵩，近乃遗尺咫。

当时志局人，毋亦正类此。徘徊增慨叹，下岭意未已。

问名曰石猫，诗以彰厥美。续志更补阙，一付是乡子。

无　题①

乙卯春四月，至湘乡访刘霞仙先生遂初园故居，瞻其遗像，读其遗墨，慨念今昔，颇有感于学术关世之乱。故归来不能释然，因赋长古一篇，即题《养晦堂集》后。

1939

有清一代夸汉学，拨乱乃在程朱徒。

红巾遍地莫收拾，乡兵奋起湘江隅。

曰曾曰罗实首事，亦有刘孟参其谟。

意气感激无全躯，一时子弟皆戈殳。

崎岖百战蹶复振，终扫妖祲还天衢。

史臣载笔记功业，不原本末毋乃肤。

吾闻三君乡里日，抗志闽洛希先儒。

致知居敬得正轨，卑视章句排虚无。

曾公早显各朝野，书疏往复讲不渝。

果然性命事切己，斤斤岂虑相龃龉。

---

① 此诗刊登在湖南国立师范学院《国师季刊》第三期。

诸家集在可覆案,极辨汉宋明主奴。

就中高明推养晦,剖析理气穷精粗。

儒生志业有素定,功名过眼何区区。

年过三十不应试,屡却荐剡羞穿窬。

一擢分藩宦正达,便作归卧南阳图。

抚秦不合自劾去,脱屣轩冕如泥途。

读君山诗见胸次,同游心服吴桦湖〔一〕。

夷然倾挤不介意,此岂无得能然否。

遂初堂上拜遗像,信知道胜颜何腴。

疏眉广颡宽以栗,无髭自足当多须〔二〕。

云霄一羽可髣髴,自谦却比波中凫〔三〕。

君家共父亦豪杰,平生讲友张与朱。

风流千古殊不远,嗟欲奉手人则徂。

后来正学谁与扶,葵园湘绮真小夫。

爝火不息蛾争趋,考订蒐比诚以劬。

精凿不收收秕稃,是今非古攘臂呼。

风气浇薄道险芜,大命卒斩移斗枢。

堂堂白昼走鼠狐,于今遂欲沦胥铺。

呜呼。学术邪正只两途,关世治乱理莫逾。

谁非方趾非圆颅,圣贤宁与庸常殊。

诡异自炫只自诬,睢睢盱盱魑魅俱。

何心坐令生民痡,我思公辈今扁卢。

公兮可作民其苏,表公与世作楷模,应求不道声气孤。

原注:

〔一〕吴南屏集有《归卧南阳图序》并跋,先生《游君山诗》,皆云先生容色夷然,不
以被排抑去官有几微不可意,服其量为不可及。

〔二〕曾文正公集《会合诗一首赠刘孟容、郭伯琛》有"老夫苦多须"、"二子苦无髭"语。今瞻先生遗像，髭仅数茎，然不损其儒者气象，与文正公须眉伟然者，并足令人起敬起慕焉。

〔三〕先生晚年自号凫翁。

读杨诚斋易传[一]

天心人事本相符，千古兴亡尽此书。

灾异京房嫌妄诞，玄谈王弼惜虚无。

渊源别派仍承洛，忧患同时尚有朱。

一语忍穷能避难，几回掩卷为长吁。

原注：

〔一〕否卦大象"君子以俭德辟难，不可荣以禄"。传有曰："非能忍天下不可忍之穷，不能辟天不可辟之难。"

至湘乡过十里峡作①

十里盘盘廿里馀，山光树影共模糊[一]。

何时剷得修蛇断，来去人如蚁度珠[二]。

原注：

〔一〕石上有易元诗，镌四大字，曰"树影山光"。

〔二〕谓湘黔路被毁也。

————————

　　①　此诗与《读杨诚斋易传》、《芦茅塘》写在同一张考试用纸上，上有"考试科目"、"姓名"等字。

芦　茅　塘

树观山头烟欲平，芦茅塘外月初生。

踏歌三五归来晚，相和田家车水声。

雨后登湘乡东台山①

1939

雨歇云收眼暂开，穿林蹑石上高台。

中兴人物能追否，百里山川亦壮哉。

僧刹荒凉双玉树〔一〕，诗碑残蚀半苍苔〔二〕。

碧洲闻道年年长，争怪霜鬐渐满腮。

原注：

〔一〕凤凰寺下玉兰两树开，半落矣。

〔二〕萧心庄诗刻石尚存，记则劫烧之，馀不可识。

蒋　琬　故　宅②

1939

谁知惯惯是休休，相度千秋有蒋侯。

---

①② 此诗刊登在湖南国立师范学院《国师季刊》第三期。

继事葛公真不忝,下兵汉水亦能谋。

未成蚕食身先病,一梦牛头岁易遒。

因过湘乡寻故宅,寒泉一掬泪双流。

清 明①

1939

墓木团团伐已残,三年身不到长干。

清明一夜灯前泪,岂为寻常离别弹。

得 杭 州 信②

1939

湖水惊风绿惨,山花灼日好羞。梦里清明过了,今年又负杭州。

帝 女 鸟③

1939

冤深沧海岂能平,会见桑田有变更。

帝女可怜痴已绝,自伤毛羽欲何成。

---

①②③ 此诗刊登在湖南国立师范学院《国师季刊》第三期。

闻　蝉①

1939

陇头晴日麦浮烟，一雨洄洄水满田。

菜子初收秧未插，树阴多处已鸣蝉。

游石楼洞作歌②

我曾罗浮石楼顶上来，十年岁月何悠哉。

妖星射天日改色，痛哭忽过严陵台。

萍漂蓬转宁有数，又向石楼洞边住。

药炉丹灶俨然存，旧是仙人栖隐处。

云扃呀豁纷羽旄，南极一翁如相招。

帝阍阊阖排可到，咫尺飞栈愁扶摇。

呜呼不因丧乱那得此，四山苍寒水消沏。

箧中犹抱黄石书，终老石楼吾已矣。

苦　蛙③

1940

小楼田四周，蛙声乱如沸。夜喧梦不成，日聒读为废。

---

① 此诗刊登在湖南国立师范学院《国师季刊》第三期。
② 钟泰 1930 年曾游罗浮山，按诗意，游石楼洞当在 10 年后，值抗战时期。
③ 此诗刊登在湖南国立师范学院《国师季刊》第四期。

嗜静卜郊居,构筑不惮费。万事有难料,闹乃甚阛阓。
天生善鸣物,便便腹无对。盛气相排挤,哗世不假喙。
更唱复迭和,嘈囋自成队。惭非鼓吹耳,未觉渠可爱。
群生赋气偏,取憎非一类。惟鼠昼则伏,犬无人不吠。
蛙也独何心,扰不问明晦。殊当众籁寂,阁阁声四溃。
翻疑天地阔,盘据独尔辈。官政不师古,蝈氏职久坠。
偶幸族类繁,呼召日凶誖。人物何恩仇,利害坐相背。
会当搜牡鞠,灰洒更烟披。但求乾坤宁,犯杀吾不悔。

偶　　成①

1940

陇头晴日麦浮烟,菜子初收水满田。
毕竟农家生计好,不关人事只凭天。

诸生习泅,作四绝句以告之②

1940

溺人何必渊,惟水不可狎。揭厉占浅深,至勇养自怯。

忠言可蹈水,吕梁言非欺。即此是学道,无徒认水嬉。

生陵而安水,于焉辨性故。浴沂真古狂,吾与绘后素。

①② 此诗刊登在湖南国立师范学院《国师季刊》第四期。

不作狐濡尾，仍惩骊失珠。假手拯横流，千金贱一壶。

苦　蚊①

1940

蹈瑕抵隙尽能事，更作雷声绕帐鸣。

我苦不眠汝不饱，较量失得两劳生。

游月宫岩赠吴仁荣、桂荣兄弟②

1940

嫦娥七宝妆镜台，何年堕向尘间埋。

雨淋土去复半出，绣蚀斑驳缠青苔。

潜光欲吐难自止，中裂一痕泻秋水。

奔霆掣电耀人睛，未让银河挂千里。

世人但见与月同，相与指名为月宫。

谪仙偶语钟离翁〔一〕，来看一笑明前踪。

我闻修月十万户，伐桂中有吴刚斧。

广寒他日晤君来，镜飞上天天可补〔二〕。

原注：

〔一〕 此游发自李生循范，李与吴君兄弟故同学也。

〔二〕 二君皆应大学考试落第，欲再上，故云。然诗意实不仅在此也。

―――――――――

　　①② 　此诗刊登在湖南国立师范学院《国师季刊》第四期。

湄塘记游诗①

庚辰春三月

我闻湄塘名，不识湄塘路。梦想山水间。神魂几飞渡。

偶然发县图，湄水知可溯。天公似我怜，久雨一朝住。

午饭山亭烟，暮指柘溪树。迂途信非算，揽景亦多趣。

既喜陈蔡从〔一〕，更谋宋卫遇〔二〕。论游吾主盟，冠剑多景附。

五亩月德园〔三〕，苍茫水云护。主人有老父，迎我忙倒屐。

贤兄骏奔走，酒饭咄嗟具。我来实卤莽，父兄当我恕。

碨山向西去，言是珍珠桥。珍珠名何丽，颇怪山林骄。

君勿嫌相骄，此名未谓饶。桥下乱湍石，万斛成珠跳。

桥上宝楼阁，影落珠千条。如龙弄一珠，四山争相朝。

近者高髻鬟，远者眉淡描。或笑窥半靥，或乍舞折腰。

翠绕更珠围，目眩难为挑。遥知山险道，未及此魂销。

塞海山四塞，中低小陆海。炭坑及铁冶，十里绵延在。

炉火光灼天，草木色为改。担负走相属，肩摩汗流腿。

产多乃匪贵，弃地仍磊磊。方今战事亟，用铁什百倍。

亦闻胜负分，系兵更系贿。观此无尽资，奚止支百载。

我富而敌贫，我饱而敌馁。胜利终我属，斯言信非绐。

我本洞天客，有洞知必往。胜岩月宫岩，无得久怏怏。

偿我观音山，寻一乃获两。虽然非窈深，难能是岂爽。

前朝雪海僧〔四〕，尝此礼金象。弹指三百年，仿佛钟鱼响。

惜哉石塔折，人天将安仰〔五〕。下山日过午，草具一饭强。

---

① 此诗刊登在湖南国立师范学院《国师季刊》第二期。

乡人亦好事，语有洞深广。深可数里奇，广亦逾寻丈。
从来无人到，中阻水泆浒。鼓勇更一探，诡果出意想。
亭亭排玉柱，垂垂覆帝网。或片如龙鳞，或纤如鹤氅。
或作华若莲，或缀实若橡。不知石自奇，抑出故相仿。
寒潭射火炬，上下光摩荡。初犹缘壁行，力扳佐以掌。
继乃支木渡，一身惟胆仗。三进终望洋，恨不具舟桨。
造物闵灵界，未肯奥全敞。顾已胜晨游，无论两岩曩。
洞门回望处，迥若半月朗。出险更思险，色变神惝怳。
湄塘如盆池，甃以假山石。四围苍翠中，溷漾一水白。
又复巧布置，飞桥锁其嗌。盈科汇一泻，挂作瀑千尺。
壶中夸九华，失去空自惜。岂知天地奇，自有在几席。
落落松号风，冥冥鸟归夕。饥疲谋宿止，寂寞无人宅。
由来佳山水，只以供游客。彼里田舍翁，但饱守阡陌。
湄塘半天上，更上朱木山。梯云出鸟道，一步一险艰。
板屋十馀家，刀耕诛茅菅。开门何所见，但见石壁顽。
巉削接数里，俨如设重关。人间复何世，老死绝往还。
我来殊不猜，老稚多笑颜。岩前辛夷花，开久无人攀。
藉石坐花下，自诧吾其仙。一宿便舍去，已矣缘终悭。
我来山如迎，我去山如送。我于山自亲，山亦岂我重。
投分倘有合，发兴莫由控。未敢为山功，自我发其蠓。
可笑蓝田人，终岁鸡处瓮。胜景跬步间，远乃若梁宋。
百问仅一知，李叟真麟凤。人情岂殊类，亦有用不用[六]。
薛君约屡乖[七]，如射不期中。袁生实起予，中道废莫从[八]。
固知山水趣，唯与闲者共。念彼亚圣言，少乐孰与众。
请为歌此诗，犹可卧游供。

原注：

〔一〕从者助教蒋生云从，及郭生晋稀、程生希圣、袁生晁、唐生炳昌。"以陈蔡从"，《左氏传》语也。

〔二〕见隐公八年《穀梁传》曰："不期而会曰遇。"谓与邱生志州无先约。

〔三〕邱氏园名。

〔四〕清顺治间人，见石刻。

〔五〕右洞有钟乳石塔，已折。

〔六〕李卓然先生尝至其地，并为余道其胜。

〔七〕一年前即与薛君志陶约同游。

〔八〕至柘溪实袁生为导，以事一宿而归，不能终从也。

拟白香山新乐府①

蓝田可居不可居，一日米长十千馀。

相逢蹙额无他语，但问瓶中米有无。

群将屯积罪商贾，贾也何人口称苦。

米船百十阻湘潭，官不放行向谁诉。

百端关说得开行，行未数程复遇兵。

每船籴我米数石，偿以官价谁敢争。

重重亏耗皆商本，犯险受惊劳往返。

亦知米贵怨丛生，不贵一家宁饿饭。

商语初疑半伪真，传闻道路不无因。

甚风吹入长官耳，运道通行活我人。

---

① 此诗写作时间应在钟泰任教湖南蓝田国立师范学院时（1938 年 11 月—1943 年 8 月）。

题胡三自怡斋诗,时胡三死重庆已数月矣[①]

杀君者酒活君诗,想见杯翻诗就时。
险语不辞天破胆,何能拥鼻效群儿。

感蕲春宋贞女事作

事见邑人黄焯[②]所作记

我闻蒙庄言,死生亦大矣。知此几丈夫,而况弱女子。
衿缨示有属,妇德信为始。名分一以定,岂必同床第。
所天天不禄,一死已自矢。志为慈母屈,节孝难两美。
楼居撤簪珥,庶几婴儿比。红颜忽已谢,荏苒岁一纪。
母没闻姑丧,此身今属已。生死吴家人,不归复何俟。
入门自东阶,楚楚礼是履。两哀并一恸,泪落连珠委。
抚孤图一报,孤死万事已。天崩更地坼,寇迹在百里。
吾死兹其时,绝食遂不起。难哉贞女烈,啧啧人口齿。
孰知民秉彝,贤愚无二理。物欲或害之,迁流日就窳。
贪生计苟免,见利丧厥止。纷纷衣冠伦,自处等犬豕。
转视庸常德,高若不可企。惟女了静专,习俗未易靡。
亦惟少知见,大朴完不毁。往往见大节,凛凛汗多士。
远若文叔妻,近若亭林母[一]。史固未绝书,宋实继芳轨。
夫此岂有他,死求一个是。良知亦良能,自慊非人使。

---

① 胡三即胡翔冬(1884—1940),有《自怡斋诗》。胡先生 1940 年 11 月逝世,此诗应在 1941 年。

② 黄焯,字耀先,黄侃之侄,1941 年 12 月作《记宋贞女事》。

不为宋女奇，但为多士耻。诗成歌且叹，澈越声变徵。

顽儒傥有砺，纲维张不弛。

原注：

〔一〕叶米。

长沙寇退作①

已闻虏骑迫城郊，危转为安喜一朝。

虽曰人谋有天意，未遑民病念师劳。

烧粮犹胜粮资敌，保土何论土半焦。

直道他年青史在，说功说罪两哓哓。

梅 孙

1942

梅孙生三龄，秀发好眉目。未办呼爷娘，先晓食索肉。

肉肉不离口，每及饭初熟。得肉笑且舞，不得扬声哭。

叨聒亦可憎，爱未忍加扑。我闻佛氏言，根器盖有宿。

将无肉食人，再世来我屋。识田一肉字，种子久牢伏。

是以不待教，脱口如转轴。惜哉生非时，灾祸日以蹙。

兵事且未论，旱雹杀麦菽。斗米四十千，农有不具鬻。

此时那望肉，一饱已为福。阿公告汝听，养人莫宜穀。

厚味实疾颠，岂忘鼎覆餗。何况当辟难，俭德戒营禄。

浙中存薄田，留待汝耕读。甘鲜未云乏，溪毛与山蔌。

---

① 1941 年底第三次长沙会战爆发，中国军队取得战场主动，1942 年 1 月，日寇退兵。

饱食肉足当，何羡鸡豚畜。且以线绽口，更用蔑束腹。

归去有好年，早晚太平祝。

癸未清明日作

1943.4.5

六年阙祭扫，儿罪与日积。空擎满眼泪，到土无一滴。

前年丧长兄，痛甚鸟折翮。宿草今再青，未一临窀穸。

虽云兵马阻，曷敢自宽责。平生说孝悌，滕口不践迹。

陌上亦何人，酒馨纸钱白。顾此无地容，颜赤泚满额。

同怀共七人，丧亡已及半。一姊远在蜀，两兄仍里闬。

曰余实中处，望眼东西断。忆昔太平日，京杭一轨贯。

岁时得聚首，燕乐何衎衎。何图夷入侵，不谋各奔窜。

近者犹复完，远者遂分散。伯也虽七十，素许强骨干。

忽传病不起，岂不由离乱。早知兵祸延，永诀在一旦。

糜身誓相就，百安吾岂换。近闻寇势疲，恢复有定算。

作书与老姊，共约下江汉。归寻仲与叔，死守更不判。

好尽馀年欢，稍偿异地叹。

闻鄂西捷[①]

捷报频传虏大奔，只争一着局全翻。

寇深方藉盟邦虑，算胜终凭枢府尊。

---

① 1943 年夏（5 月至 6 月）鄂西会战爆发，历时月馀，中国军队挫败日寇进犯长江上游的阴谋，取得胜利。

万古不移天北极，百灵如卫国东门。

还怜痛毒江湖岸，多少衣冠化鹤猨。

从蓝田至湘潭舟中①

船头烈日船梢火，十八人中更著我。

如熏如灸又如蒸，缩颈拳身无可躲。

蝇蚊趁热故逼人，噬处肌肤红颗颗。

宵来倦极作犬卧，败布单衾惟一裹。

睡未及熟船已行，催唤早餐仍起坐。

固知行旅不由己，忍渴忍饥吾亦颇。

彭亨腹胀解无术，欲学嵇生惭未可。

舟人待客意匪薄，草草杯盘亦帖妥。

借问盘中何所有，曰辣者椒苦者蓏。

攒眉强饭默自哂，今我此行鹰与么。

苦与辣并理有之，水急滩高骇俄堕。

山风卷蓬蓬半飞，天教饱看芙蓉朵。

衡阳雨中登回雁峰②

一峰拨起楚江垂，缩毂天南重此时。

客里登临殊潦草，雨中景物故迷离。

---

① 1943 年 7 月 6 日，钟泰由蓝田至湘潭，启程前往贵阳，应校长王伯群之聘任贵阳大夏大学文学院院长兼中文系主任。

② 钟泰 1943 年 7 月 10 日到衡阳。

劫灰梵寺馀残额^[一]，灯火人家半废基。

料想收京应不远，东归合有再来期。

原注：

〔一〕寺炸毁，惟高且园书"回雁"二字额独存。

零陵谒柳子庙^①

山水匪为常人设，文字空留千古奇。

桥圮亭荒风雨里，至今独拜柳侯祠。

零　　陵^②

好是零陵县，潇湘二水间。家家养鹅鸭，处处见江山。

合馆今何处，愚溪迹未刊。倘容营小筑，终老此盘桓。

警报中重游七星岩栖霞洞^③

昨游栖霞凭一炬，局天蹐地行跙跙。

旅进旅退一由人，自笑何殊蛮与駏。

导者颇矜识故实，各书烂熟能字举，虽不雅训亦髣髴。

---

①　1943 年 7 月 12 日钟泰搭船到零陵，7 月 13 日在零陵谒柳子庙。

②　据《钟泰》日录，1943 年 7 月 16 日钟泰登芝城第一山，府城东北隅，"旧有角楼，可望蘋洲、湘潇二水汇合处"。7 月 18 日钟泰离零陵。

③　《钟泰》日录 1943 年 7 月 23 日载："早七时警报，因得重游栖霞洞。"

车入贵州境,四望皆山如波涛起伏,
因忆壬子至新嘉波,海舟遭风光景,赋一绝

1943

极天塞地尽巉岏,骇浪惊涛作大观。

却忆南游少年日,一舟如簸海中间。

金城江至独山道中

开凿穷人力,艰难叹客途。跻高蜗上壁,度暗蚁穿珠。

夷险争毫发,阴晴异旦晡。虽然犯饥渴,犹幸免沾濡。

由独山至贵阳汽车中作

1943

惊魂暂息乍向苏[一],淫雨骤晴仍上途。

绝尘不数车如水,濡沫自叹吾其鱼[二]。

升天坠渊倏变换,揽奇历胜时惊呼。

用偿辛苦赖有此,眼肥意满形则癯。

原注:

〔一〕火车过南丹,脱钩几覆。

〔二〕俗呼搭车为黄鱼。车中半日不得水饮,渴甚。

游甲秀楼万佛寺作,盖至贵阳忽一月矣

1943

车尘市嚣阻游兴,经月乃至城南湾。

摩挲铁柱双矗立[一],瞻拜铜塔三绕环[二]。

讲堂半割佛避席[三],游客鲜到兵守关[四]。

风流觞咏前日事,夕阳惟见秋雕盘。

原注:

〔一〕雍正嘉庆中,鄂尔泰勒保平苗时所立。

〔二〕寺有铜塔,镌万佛像,其名万佛寺以此。

〔三〕市府割寺之大半设中学焉。

〔四〕楼前寺前皆有兵。

花溪晤第十侄,因留宿

1943

六年不见叔兄面,见汝今还如见兄。

细雨一灯悲喜集,繁霜两鬓病忧并。

讵知留舍同飘泊,却爱桐孙渐长成。

料得阿翁开口处,鸦涂一纸到台城[一]。

原注:

〔一〕桐孙近学书,有信寄京。

题陈青萍修竹园,用詹无庵韵

1943.12.5

不堪老眼入时人,把子诗吟气一申。
语险真呕肝肾出,机张敢犯鬼神瞋。
黎黄死后风流在,黔桂西来感慨频。
大雅扶持须巨手,更翻朽腐出清新。

游花溪,时重阳后二日也

旧闻花犵狫〔一〕,不减楚沧浪。来趁重阳雨,真成一水乡。
湿烟迷鸟屿,飞瀑响虹梁。直上龟峰望,灵源入渺茫。

原注:
〔一〕花溪旧名花犵狫,盖花苗所居。

云从静霞订婚,喜赋二绝

捣尽云英不作难,何言蜀道上青天。
一情会使人奔走,未待红丝两足缠。
文字相知有夙因,相投事不比文君。
定情何用辞人赋,但谱巫山一片云。

黔灵山宏福寺，与许庄叔同游[①]

古寺藏山腹，危亭出树梢。欹岩随磴转，飞鸟与人高。
读偈凉沁舌，翻经香散发。西峰松石好，何计此诛茅。

寿 杨 竹 庵

1944.1.23

迈万千人谓英俊，以五百岁为春秋。

赠路南杨竹庵，时竹庵五十寿

1944.2.24

石林之石拨地起，笔卓戈攒纡百里。
坤灵奇气有所钟，落落今见杨夫子。
夫子先世朔漠雄，遗风早立马上功。
翻然折节事文史，锦绣糅杂韬钤胸。
竞传将军盛揖客，万金交友轻一掷。
只凭意气动绅衿，未用声名书竹帛。
吁嗟男儿不朽自有真，典型示我石丈人。
天全其德足万古，岂数区区五十春。

---

① 1943 年 10 月 30 日钟泰与许庄书同游黔灵山。

42

奉怀彤侯老兄二绝

1944.3.1

同学惟君数久要,未伤音问两寥寥。
共听流水双溪阁,十一年来只隔宵。

兵马驱人汗漫游,山残水膡不胜愁。
怜君一事犹贤我,白首言归有故邱。

后知老兄有诗见怀,率步原韵奉答①

杼柚无端空我师,天河莫挽日西驰。
六年沪渎孤吟里,饱阅沧桑有后知②。

怀冬饮先生

1944.3.14

尺土城隅仗闭门,怕谈往事国西奔。
谁言病作先生累,一病支离见道尊。

吴门花草化烟尘,盛迹能追更几人。
遥想旧时梁孟侣,白头相对语酸辛。

---

① 《钟泰》日录1944年3月9日载:"寄后知一诗。"此外《日录》虽多记载与王后知的交往,但未见诗,故推测此诗当写于1944年。
② 后知指王后知。

和成人美感怀韵一首

1944.3.14

圣人但得我心同，习坎心亨见圣功。

禹稷颜回同此学，夷齐齐景孰为功。

埋头好作千秋计，冷眼羞称一世雄。

玉汝于成天意厚，乐天端在困衡中。

伯絮先生惠书并附近作，读之感喟，即次癸末除夕韵一律奉寄

1944.3.21

青毡敝尽鬓调残，万里飘零老教官。

学远时乖怜凿枘，性原山近耐高寒。

故人乱后关心切，道书西来带泪看。

十日平原期不负，尚留文字待君弹〔一〕。

原注：

〔一〕书有"但望须臾毋死，重见太平，与作十日谈"语。

次劬堂近作寄贡禾韵奉怀一律〔一〕

1944.3.22

六载兵戈泪不收，白头行在尚羁留。

深怀自有诗能说，大节宁因老便偷。

且喜身安辞药裹，却惭尾续比瓜投。

黔阳一聚犹前日，每绎清言杂喜愁。

原注：

〔一〕劬堂，柳诒徵。贡禾，柳贡禾。

院中与姚琴友邻室。琴友嗜茶，蓄茶甚多，夏苦潮湿，时出曝炙，拔来报往，逐日影而迁移。予间亦晾书檐下，散帙理签，劳而忘暑。每相值，辄相谑亦相劳也。

戏赋七古一首，以似琴友

1944

姚公晒茶我晒书，相逢一笑当庭除。

汗流浃背不自觉，仆仆日下诚何居。

我语姚公可休矣，斋厨朝夕瓜与蔬。

已愁肠胃少油腻，奈何湔浣无留馀。

况闻茶性寒以苦，尤不利此地沮洳。

上医言医首服食〔一〕，是岂灵草曷弃诸。

由来桃李投有报，反唇公亦以诮予。

茶虽有损仍有益，能蠲秽浊来清虚。

至若书则何事者，糟粕惟可饱蠹鱼。

诗礼发冢且勿论，绣其鞶帨中何如。

惠施逐物不知返，宁非受累书五车。

于今寇盗在堂室，如漏舟塞须衣袽。

45

长枪大戟并无用，未闻诵说敌可祛。
携书逃难事已怪，旅宿日戒箧见胠。
才安踹息虑霉湿，戚戚此意何时纾。
异哉目不见其睫，我欲见之空口呿。
物生大抵各殊嗜，是何心行难分疏。
凤皇非练实不食，乃有甘带若唧且。
鹂声蛙吹同悦耳，赏者更及于鸣驴。
强人就己何不广，戚施庸用夸籧篨。
不如饮公之茶读我书，倦来一枕卧徐徐。
神行乘空游华胥，一齐是非忘毁誉。
殊方异域皆里闾，几见屠戮如芟鉏。
往来更不籍舟舆，不须宿舂或怀糈。
我书公茶宜广储，未防塞牖高挂庐。
日增月益逾其初，珍视岂翅犹璠玙。
不辞料理手拮据，负之而走为驵驉。
何以偿我魂蘧蘧，跼天蹐地忽转舒。
此乐不易婴簪裾，适人之适何为欤，终当抱此老耕渔〔二〕。

原注：

〔一〕琴友善医。

〔二〕琴友与予皆有失眠之苦，故篇末云云。

八角亭听桂伯铸弹琴，
时阴历四月十八日夜也①

风水泠泠指底生，孤亭何处月微明。
频年箛鼓愁中过，一梦清都得此声。

挽 夏 浮 筠

1944.8.21

有火传薪，未信勤劳随物化；如鼎折足，继强掯撑感类孤。

无　　题

1944.12.7

草草云山过眼休，胜情旅思两难谋。
燕塘八里西来寺，留待承平仔细游。

乌　　江

1944.12.9

上畏崩岩下迅湍，却从险绝得奇观。

---

① 据一九四四年五月十日《日录》，"晚同到社会服务处听桂伯铸弹琴，至夜十一时始归"，则此诗当作于此日前后。

蛇盘鸟度乌江道，一日飚车几往还。

挽 王 伯 群

1945.1.8

平生几接贤豪，人物冠黔中，自信私评亦公论；

到死不忘献替，公诚谋国事，但凭片语足千秋。

寄二、三两兄①

相见知何日，相思各白头。五年几书札，万里一江流。

鸿雁鸣方急，龙蛇战未休。椎心墓门祭，无泪到松楸〔一〕。

原注：

〔一〕书来，墓木被斩伐尽矣。

答 陈 证 如②

1945.1.31

人间扰扰一墟场，百岁何如过隙光。

紧札草鞋空卸担，认明来路早还乡。

---

① 据《钟泰》日录，1945 年 1 月 18 日"发一航空信与二、三两兄"，1945 年 9 月 11 日，"附与伯沆夫人一信，二、三两兄一信"，1946 年 1 月 15 日，钟泰回老家南京见到二哥、三哥。诗有"龙蛇战未休"一句，故此诗当作于 1945 年抗战胜利之前。

② 陈证如指陈铭枢。

乙酉新岁，用证如先生近作《入市》韵奉赠

1945.2.21

飞雪迎新岁，回天应旧文。逆知爨改火，未用物占云。
劫漫论增减，时当争寸分。前贤有矩矱，唯抱道为尊。

和希之①长至日诗

1945.2.21

阳气初随斗柄回，寒炉犹拥夜来灰。
惊心老病逢新节，触眼风光透小梅。
去日谁怜龙战急，好吾且喜雁来书。
频年不断峨嵋梦，春水相寻尔雅台。

赠　阁　任　之

1945.3.16

曾约巴陵共卜居，谁知相见不巴渝。
八年几度兵间过，尺牍依然府里趋。
劫火弥天方咄咄，书生报国亦区区。
未来变幻知何似，再见应无失故吾。

---

① 希之指吴希之。

宿昭应寺用放翁韵①

西南浪走梗萍然,牵掣中间自夙缘。
小住亦关龙象力,故园谁扫犬羊羶。
过堂僧集斋时鼓,争树禽翻月下烟。
静里一轩天地别,暂忘身在乱离年。

宿昭觉寺别住持定慧上人②

桑下无三宿,今来乃过之。宗风双桂远〔一〕,游事百花迟〔二〕。
示疾香浮药〔三〕,留诗雪印泥。梦中闻梵呗,发我有馀思。

原注:

〔一〕中兴昭觉者,丈雪醉,出梁山双桂堂破山明门下。

〔二〕游时已旧历三月中。

〔三〕时上人方病。

读《圆悟心要》感赋,仍用放翁韵③

到口真如铁馅然,虚空何术可攀缘。

---

① 1945 年 4 月 13 日晨钟泰到成都文殊院一游。据楞阅《成都寺庙与教堂》记载,文殊院附近有昭应寺(白家堂街)。

② 1945 年 4 月 24 日至 29 日,钟泰游昭觉寺,与定慧上人等晤谈。

③ 据《钟泰》日录,1945 年 4 月 25 日购得《圆悟心要》,26 日记载看书。同一页书稿上有《宿昭应寺用放翁韵》一诗。

几人蛇足徒招笑，未饱羊羹空惹羶。

捞摝难为沈水月，揣量终是隔墙烟。

何当突破牢关子，一任消遥过岁年。

回成都赋一律赠贯老①

1945.4.30

蜀中老人几人存，犹见弥天释道安。

长我十年兄不啻，得君一夕话应难。

书斋草堂浑馀事，诗入寒山火耐看。

投契岂论方内外，可知性与海同宽。

寄 潭 秋②

1945.6.30

山僧犹说旧游踪，咏遍峨嵋一一峰。

晚我独来揽高秀，愧无佳句步从容。

雷声二水争趋壑，寒谷千章尽长枞。

北望江楼渺天末，宿云知隔几多重。

---

① 贯老即贯一老和尚，名德圆。
② 潭秋，邵祖平。

湛翁先生以书见招，并媵佳章，道其悬迟之意。读之惭感，率步原韵奉答[①]

大道嗟芜塞，群生苦溺焚。谁能回永夜，我亦抉浮云。
蜀道传新语，吴门念旧闻。衰顽仍感奋，早晚得从君。

湛翁先生用拙作《此道》题韵赋诗见怀，敬答一律（仍依原韵），即乞郢正

谁云道丧不传今，乌寺庭前柏正森。
贯穴群言六艺学，恫瘝天下一家心。
虽捐讲论存机用，假有文辞黜丽淫。
承教何时重奉手，积年浣我客尘侵。

奉简马湛翁先生，兼谢为题来禅楼额

1945

据乱书成欲获麟，瓣香有分亦前因[一]。
廖天鸿鹄高寒外，长夜鱼龙寂寞滨。
食蕨能肥知道胜，援琴不鼓觉心亲。
毫端间假神通力，回梦家山浩荡春。

---

① 1945 年 6 月—11 月钟泰应友人马一浮之邀入蜀（"以书见招"），任四川乐山复性书院协纂。以下与湛翁的唱酬之作，当在此时。

原注：

〔一〕年前曾尽读翁所著《复性书院讲录》。

奉酬湛翁先生见怀之作，即次其韵

法乳于今未斩流，雪山山下草肥牛。

有时杜口逾狮吼，恩大谁知不易酬。

万里诗来艳薛涛，水痕想见下江舣[一]。

报君岂惜千回读，侧尽寒釭一夜膏。

原注：

〔一〕函经水湿，素笺红印斑然。

读湛翁先生近作[一]，感慨不能已，赋一绝奉寄

脱尽皮肤说孔颜，草深一丈任疑姗。

石头路滑犹能到，峻绝峨嵋未可攀。

原注：

〔一〕湛翁近作《夏日简蚩庵》：“惊蝉自嘒不成吟，日午山风欲动林。戏海鱼龙趋
　　热恼，拂天松竹少清阴。荷衣极浦相离久，草阁凌河独坐深。灭影逃虚今几
　　夏，十洲消息况沈沈。”

和湛翁《盐井》诗二绝

1945.7.5

海王不守守山王，轮挽频劳仗孔桑。
漫道榷盐胜搜粟，一时灶户有流亡。

凿井翻同煮海勤，煤烟卤气满江滨。
谁知咫尺湘黔路，山谷犹多淡食民。

补作武侯祠诗二首

1945.7.22

三顾情何切，三分势已成。空怀兴汉策，何术与天争。
呜咽江流石，凄凉星坠营。弛驱终一死，亦足报平生。

汉贼良非类，君臣有至交。试观鱼得水，何似马同槽。
一体治宫府，诸军禀节旄。自非诚见信，疑谤岂能逃。

题刘先主庙

1945.7.23

漫道兴王自有真，微时好学亦殊伦。
若非陈郑周旋久，争识庞公床下人。

和湛翁《秋涨》一律

1945.8.11

一生居住近江边，贯听江声掩户眠。
此地更怜山似岛，下秋忽讶水连天。
谁将星好占风雨，却信时移有海田。
偶裂浮云见斜日，已闻深树动鸣蝉。

晨写所作二绝寄湛翁，盖为外蒙、香港事发也

1945.8.26

已缺金瓯岂复全，版图休说共和年。
榻旁但使无鼾睡，玉斧何辞六诏捐。

藉人力合报人恩，郭李功名未易言。
我诵木瓜多感慨，不教指斥到花门。

夜间得一律正想写呈湛翁，而湛翁诗已来，因托士青①持去，即以当报奉矣

1945.9.21

兵戈久矣感离群，何幸从容展旧闻。

_____

① 士青，杨士青。

万古江河知不改，一亭风月许平分。

唱予鲜力犹堪和，道不徒行亦藉文。

薪火相传期日远，后来正复赖诸君。

昨晚湛翁送《巢居杂感》诗来，因次其韵

1945.9.29

虚言鸿羽可为仪，乌鹊南飞何处枝？

衰世事功徒潦草，老来形德两支离。

太平梦想衣裳会，得失权衡风雅知。

却笑神仙桥中叟，机心犹自未忘棋。

赴安谷检书道中作

1945.10

瘦鹤身躯称两竿，闲依鸥鹭度沙滩。

潦收未减川流急，风劲方知野色寒。

偶为寻书忘远近，却因观物悟波澜。

刚能几日秋分过，已见村旁柏半丹。

是日重九，湛翁有七律一首由王羽翔抄稿送来。余也得一绝送湛翁阅

1945.10.14

夏时周正犹殊俗，临水登高况异乡。

未用茱萸与黄菊，都忘今日是重阳。

早湛翁送《舟中近事》一绝来，答之

1945.10.17

风来蓬底乱秋蝇，懊恼扁舟傍市行。
不若归来岩下坐，高柟乱竹对新晴。

山　斋

1945.10.22

夜雨霏微欲作霜，高林风叶晓飞黄。
山斋未觉秋萧索，一树芙蓉开过墙。

喜闻停止抽丁及免赋一年之令①

苦战频年几骨枯，尽驱丁壮荷戈殳。
朝来里舍欢声动，明令新停调发符。

久苦吾民可小休，蠲租报昨到嘉州。
太平米价无劳问，准拟明年鼓腹游。

---

① 此诗写在"复性书院"信笺上。1945 年 10 月（国民政府）行政院颁布命令，决定当年在东北、华北、华中和华南地区减免田赋并实行二五减租等。

赠 程 希 圣

1945.11.6

六经束阁学无根，枝叶徒伤议论繁。

谁识人天存眼目，尚思伊洛有儿孙。

十年易传书方出，一月春风坐有温。

规范俨然应未替，好教鄙薄化宽敦。

发茅台村至赤水

1945.12.13

昨过乌江道，今登赤水船。河由渡子凿[一]，村以酒名传。

寒日移高嶂，飞鸿入远天。谁知烽火逼，却得浪游便。

长物两书箧，浮身一客蓬。危惊崩岸石，寒慄过滩风。

村市鱼盐盛，岩居竹树丛。晚来望城郭，灯火雨声中。

原注：

〔一〕清乾隆中，张广泗开赤水河，其次第皆本之米粮渡之船夫吴登举，见《仁怀厅志》。

湛翁先生今年六十四矣①。其六十寿辰恰为寒食前一日，当时先生曾有诗述怀。日前与希之谈论及此，希之因用老杜《小寒食舟中作》韵赋诗为先生寿。书以示愚，率步和一律寄先生，但自道其仰企之意，知与寿诗不类也

> 尔雅台高风气寒，先生终日正衣冠。
>
> 独研爻象民同患，偶出诗文士竞看。
>
> 早识自焚兵是火，剧怜横决性犹湍。
>
> 何由圣教东西渐，四海清宁意始安。

丁亥冬，严州中学②高级生卅二人既卒业，燕各教师于校中食堂。余适发头眩旧恙，又值天雨，诸生强邀扶挟以赴。感其意厚，燕罢归，为赋诗八韵，用书赠言

> 腾云驾雾来，拖泥带水去。诸子诚多情，兹会亦难与。
>
> 尽此最后观，报以一得虑。守身戒自轻，立事贵能豫。
>
> 时念先哲言，无惑流俗誉。世途险艰难，善驾在控御。
>
> 独立不为孤，诡随多失据。勉旃勿惧疑，长夜会将曙。

---

① 马一浮(1883—1967)六十寿辰在 1942 年，64 岁应为 1946 年。

② 钟泰 1946 年 4 月—1947 年 5 月回浙江建德梅城省立严州中学讲授国文、历史。丁亥年为 1947 年。

得　句

1947.8.9

差喜读书能具眼，最难应物是无心。

代学校作一对

1947.9.6

师严道尊，人知敬学；弘中肃外，士以褆身。

覆衡叔①一信并依来韵答二诗

1947.12.29

寸胶何力致河清，沧海横流值此生。
手把君诗三太息，可怜象罔逊昌明。

德慧从来出困横，亦如天劲赖排擎。
杭州未改播洲色，万里修途视此行。

---

① 衡叔，郦衡叔。

季夏感时事诗二首(庚子)①

析津沽水血斑斓,杀气横坐箕斗间。
海上楼船来岛国,汉家兵马驻燕关。
曾闻光武收铜马,莫笑臧洪恃黑山。
听说蓬莱云五色,占星犹拱列仙班。

元戎生死异传闻,惊电飞驰语太纷。
三辅郡雄环日下,五诸侯变见星文。
远乡本出齐东野,戏剧休同霸上军。
社稷安危凭一战,几时麟阁策殊勋。

闻津沽战事有感十首

二圣垂衣日,群公翊运年。祸端开肘腋,战事起幽燕。
王气留朱果,妖风煽白莲。何期廓清久,又见死灰燃。

一掷危孤注,同仇恃六丁。空拳能制敌,画诺竟盈廷。
鬼道何堪信,神兵恐不灵。如闻张挞伐,赫怒奋雷霆。

善后无奇策,随声有老谋。揭竿强易弱,燎火发难收。
丹桂霜摧晚,黄杨闰厄秋。于思误人国,冒昧杀中舟。

---

① 题下标"庚子",即 1960 年,而诗中所写为平津战事,疑"庚子"为"戊子"之误,姑系于此。下题与此题抄在同一张纸上。

61

龙蛇方起陆,燕雀尚嬉堂。岂料王畿辅,俄成古战场。
棋谁分黑白,血任杂玄黄。秋菊盂兰会,哀哉众国殇。

碧眼波斯贾,通关盛析津。何期袄庙火,同化海东尘。
此辈原无众,吾谋亦有人。池鱼并殃及,识气误金银。

清流摇扇候,苦斗有诸军。弹雨交飞血,硝烟上入云。
援师难迅速,彼族易纷纭。两月权停战,铙歌且缓闻。

廷论淆功罪,传闻异死生。短辕纷出走,长战倏冲城。
咫尺宫闱近,亲贤水火争。伊周与桀跖,朝夕总难明。

青青千里草,延蔓始关中。宿将宁通盗,边兵且卫宫。
秦州谣谚语,汉殿荆棘丛。莫漫谋西幸,咨嗟此水东。

平世争言战,危时急请和。金缯弃公胄。盘敦鲁阳戈。
敢道天如墨,难教海不波。合肥有韦虎,人望转嵬峨。

东南安半壁,胜算责先操。张后声名久,刘宏器量高。
内忧防逐鹿,外患静连鳌。谢彼悠悠口,谁知军务劳。

戊 子^① 除 夕

鼠尾牛头任变迁,依然吾与我周旋。

---

① 此处戊子指 1948 年。

馀年书卷能多少,小供瓶花亦百千。

谁与旧新分此夕,还将苦乐问诸天。

聒人爆竹声如沸,好梦知难到枕边。

戊 子 除 夜

朱弦久绝人无韵,酒伴长抛醉未能。

只有东风随世转,梦回花影入春镫。

贺吴梅孙七十寿

1948.2.2

谁云七十古来稀,七十眉翁尚小儿。

故我任从今我易,无涯宁以有涯知。

相期北斗藏身处,不效南山上寿诗。

海上春回应不远,还来花下醉芬厄。

闻芷江受降,成五律一首

1948.8.28

上将多威重,降夷敢狡欺。江山辉草木,坛坫肃旌旗。

人喜收京急,功成扫穴奇。十年深耻雪[一],天意有支持。

原注:

〔一〕盖屈指何应钦自北平逃归已十年矣。

63

赠心湛、真如 〔一〕

1948.12.19

至寿圣庵访王心湛，证如亦在，他会者约七八人。心湛为讲《竹窗随笔》"论华严净土"一则，留晚饭，并告予真如①《佛法十讲》又添二讲，曾作一诗云："般若深谈十二门，众中涂毒鼓声闻。倾湫倒峡浑闲事，可有阐提不断根。"予归途亦为作一绝，当写寄心湛、真如一笑也。

> 谁与安名佛法僧，就中何减复何增。
> 老婆偏是陈居士，重为人间上葛藤。

原注：

〔一〕真如居士既为《佛法十讲》，又添二讲行世。心湛居士为题一绝，读之欢喜赞叹，因亦书二十八字，以谂真公，不知契机否也。

移寓东照里作

1949

> 维鸟有巢蜂有窠，一廛费得几张罗。
> 不嫌深巷观天小，且爱邻家种树多。
> 塞架先谋书顿放，借床将备客来过。
> 容头何暇为长计，但祝明年海不波。

---

① 真如指陈铭枢。

晚因阅报,有以走马灯作新体诗者,
其意甚好,依之作七绝一首

1949.2.19

纸阁残灯半壁分,转轮人马尚纷纷。
不如息影收场去,弄火终防别自焚。

爆竹,即俗所谓天地响

1949.2.21

动天惊地一烷中,蓦然粉碎列虚空。
漫从故纸寻遗迹,惟有伤心血点红。

送　　灶

1949.2.21

更何面目享糕饧,坐视贫家甑有尘。
怪得宣尼羞媚灶,灶神眼只看财神。

闻建德弃守,藏书不知如何矣①

桐江比山峡,一夕险成夷。全局关成败,初传半信疑。

---

① 据《日录》,一九四九年五月二十八日有"康兄出示悌儿手书,知建德未开一枪而易手",知此诗作于此前后。

鬼车鸣怪急,秘笈远谁移。一线斯文在,凭天与获持。

感　兴

1949.7.4

落落平生自有真,青毡敝尽不言贫。

声名耻用文章著,气类偏于木石亲。

万事无端云化狗,一机相禅马生人。

等闲参得盈虚理,眼里何容著点尘。

庚 寅 除 夕

1950

雪霁春回恰岁更〔一〕,抚时哀乐两交并。

骍颜笑语怜童雉〔二〕,雁序凋零感弟兄〔三〕。

薄供瓶梅志今夕〔四〕,会同书蠹了吾生〔五〕。

也知物力年来减,疏落邻家爆竹声。

原注:

〔一〕除夕前一日立春,夜有雪,翌晨日出。

〔二〕三孙自南京,两孙随悌儿自建德,皆来沪度岁。

〔三〕仲兄于五月间以胆病卒。

〔四〕以五千元买梅花数枝作岁供,去年所无也。

〔五〕悌儿将建德藏书俱运至。

证如①将移家北上，作一律送之〔一〕

1950.1.11

送子燕山去，歌子寒山吟。白业有真味，苍生是寸心。
孤篱徒自了，丈室未能深。顾此山中相，时时作雨霖。

原注：

〔一〕《寒山子诗》证如有续作，故次句云，然其诗颇有佳者，因借归录之。

与　湛　翁

1950.1.30

湖山咫尺阻游从，梦绕南屏夜半钟。
自愧索居生鄙吝，每吟高句想春容。
闭门岂便忘横目，酬语无妨效点胸。
寒燠调停知不易，雨多晴少是今冬。

旧历元旦作诗一首

1950.2.17

虚空不住转风轮，六二年如一欠伸。
怕向昨非觅今是，任从新进笑陈人。
太平何日望儿辈，忧患相寻累此身。

---

① 　证如指陈铭枢。

共道今年阳九厄,支撑犹有骨嶙峋。

送 王 心 湛

1950.6.9

病榻数相过,貌瘠神恬,得力久知身是幻;
讲筵竟中绝,口瘏心苦,洒泣惟伤道日孤。

收功为解放台湾作①

收功海上信艰辛,胜算终操在得民。

岂有一隅抗全国,未容旁榻睡他人。

乘时鹅鹳看飞渡,失恃蛟鼍自扰驯。

八百万人翘首处,鹿门遗迹未成陈〔一〕。

原注:

〔一〕郑成功收台,在鹿耳门登岸。

告 美 帝②

我自用我法,干卿底事来。人安遭鬼忌,家富惹邻猜。

---

① 1950 年 6 月初,华东军区根据对台湾作战的需要,确定了新的训练大纲,决定从 1950 年 7 月至 1951 年 3 月各兵种分别进行训练,1951 年四五月间进行三军两栖作战联合演习,然后准备以三军合同的两栖登陆作战解放台湾。此诗应作于此前后。
② 据 1950 年 6 月 30 日《日录》,"因杜鲁门宣言阻止台湾解放,糖乃大贵,南货铺有索价九千多者,可叹也",此当指 1950 年 6 月 27 日,美国总统杜鲁门宣布第七舰队进驻台湾海峡,阻止中国人民解放军解放台湾。则此诗当作于此前后。

梦想旁生蘖，图燃已死灰。虽劳复何益，只足令人咍。

世局有翻覆，东西今易形。虚声成弩末，拙计南要盟。
侈意谈攻守，多方倡纵横。忽闻狮子吼[一]，驴尔亦须惊[二]。

霸者夺之与，其如乌合何。同床还异梦，入室或操戈。
百代事如昨，几回交不磨。人情非买得，休自恃金多。

置戍遍天下，穷兵古未闻。戈矛起方寸，壁垒遂中分。
那有情常胜，行看火自焚。纵无恤邻意，曷不念其群。

原注：

〔一〕谓印度总理尼赫鲁宣言也。
〔二〕驴者共和党之标帜也。

辛 卯 元 日

1951

背人岁月去堂堂，白发何由得再苍。
观世天数留只眼[一]，耽吟老惜剩枯肠。
渐忘书卷犹馀味，相对瓶花有暗香。
此是新年真供养，未须醉饱倒壶觞。

原注：

〔一〕左眼近已不能辨物。

雪中寄怀宰平,兼候十力①

1951.1.11

一别如昨日,漫天忽雪飞。始惊分袂久,应怪寄书稀。
老合为人贱,狂终与古归。因君问熊子,此意傥非违。

寄怀竹庄香港②

1951.1.25

先生信是地行仙,鹤比身躯松比年。
已薄声名高北斗,莫回踪迹落南天。
小楼近海朝滄气,古刹为邻夜说禅。
尽有清闻足耽恋,可无语句与流传。

挽 赵 云 翁③

1951.1.27

中岁归群得护持,冲融和澹见遗规。
微官判得当穷汉,后辈群推是老师。
返葬吴门应不恨,追怀浙水有馀悲。
临棺临窆皆孤负,若论交情罪讵辞。

---

① 宰平,林志钧。十力,熊十力。
② 竹庄,蒋竹庄(维乔)。
③ 赵云翁,赵云楼。

三月九日为阴历二月初二，余生日也，赋四十字

1951.3.9

卉服惭少进，楼居忝上层。年增人减价，病去骨生棱。
空有喙三尺，才堪饭五升。何时容老佚，甘作住山僧。

闻杨丽天参干，占一绝赠之

1951.7.11

诗笔纵横不肯平，早知子是女中英。
他时合有从军集，更与摩娑老眼评。

邻家玉兰正开，为风雨所败

壬辰清明后二日

1952.4.7

一株潇洒喜连墙，十丈尘中见此芳。
澜熳忽惊风雨恶，飘零空染土泥香。
春怀此际何方遣，好景从来未易常。
还忆严江旧时宅，三年花木尽成荒。

看白蛇传戏作四绝以志感①

为虺为蛇本女祥，无端疑忌起仙郎。
负人最是西湖水，不及峨眉山自长。

郎死因酒非妄心，郎生有药妾当寻。
可怜辛苦凭谁说，万里归来臂血涔。

但言情海有波澜，岂识无情亦祸端。
八尺袈娑能几大，区区护得寺前山。

从来悲剧是人生，祭塔长留母子情〔一〕。
谁主火攻行下策，青儿怎与碧翁争。

原注：

〔一〕近改祭塔为烧塔，不知蛇乃水族，水火相犯，救之正以杀之耳，可谓不思其矣。

为唐玉虬《六十读书诗》题绝句三首②

1953.6.17

药簏书簏共一廛，功夫老去益精专。

---

① 诗中原注说，近改"祭塔"为"烧塔"，这应该是 1952 年底田汉改编的《白蛇传》，该戏
结尾小青烧塔救出白素贞。改编后的《白蛇传》曾于 1952 年 10 月 6 日至 11 月 14 日，在第一
届全国戏曲观摩演出大会上，由中国戏曲研究院实验学校的师生演出，而剧本则发表于《剧
本》1953 年第 8 期。1954—1955 年田汉再次修改，1955 年 6 月出《白蛇传》单行本。但钟泰
原注说"近改"，应指 1952 年底至 1953 年。
② 唐玉虬，唐鼎元。

谁言炳烛光无几,绝易韦编是晚年。

刻意诗成自誓深,仍祈祖考与监临。
先生自嗜如书命,不信犹生退转心。

臭味差同我与卿,眼明千古任纵横。
从他不识相嗤点,故纸堆中过一生。

接上海文史研究馆聘,赋呈孝老、石公①

1953.9.8

自撤皋比忽再春,腐儒无补敢辞贫。
浮名何意叨公廪,盛世今知无弃人。
缀缉旧闻原本分,切磋新得仗交亲。
斯文绝续相关在,感奋宁徒为一身。

伯宣今年六十整寿,作五律一首贺之②

1953.9.26

上寿今才半,三秋未过中。身轻鹰斗健,气静桂相融。
朋辈推盟主,乡人挹德风。行年六十化,应不让蓬翁。

---

① 孝老,周孝怀;石公,尹硕公。
② 伯宣,宗伯宣。蓬翁,丁蓬卿。

癸巳重九，无诤居士邀集于中山公园酒饭，摄影而散。曹、刘、黄、何诸老既有佳唱，居士又书来索诗，藏拙不得，勉赋七律一首乞正^①

1953.10.31

海隅苦无高可登，欲买茱萸插未能。

赖有名园远嚣俗，偶应嘉召会高朋。

晤言只觉兰同臭，得酒何须菊满塍〔一〕。

老影婆娑各看取，明年此会傥能仍。

原注：

〔一〕黄荫甫携酒而至，本年园中无菊。

为刘啸篁题瓜瓞图

1953.11.7

峋嵝碑诗有典型〔一〕，传家原不仗簪缨。

书香琴趣箕裘业，池藕棚瓜农圃情。

偶藉画图传乐事，早于判牍识廉声〔二〕。

信知世泽江流远，又见孙枝两两荣。

原注：

〔一〕其先世侍讲公有《题峋嵝碑》诗。

———————————

① 无诤居士，刘约真。曹，曹典初（似甫）。刘，刘啸篁。黄，黄荫甫。何，何申甫（泽翰）。

74

〔二〕君曾为法曹。

刘更象自朝鲜归国，风雨中访予于寓楼，感其情重，临别赠以一律^{〔一〕}

1953.11.9

我老愧无能，君真可爱人。小楼风雨夕，相见一何亲。

莽莽英雄迹，悠悠萍水因。立功殊不易^{〔二〕}，珍重战时身。

原注：

〔一〕八日崔华邀同刘更象来，并约至其家晚饭。刘为崔同学，参加志愿军作放射
　　电影工作，调回张家口休息，到沪购买机器者，陕西临潼人，在朝修建机场以
　　发电机供给用电，几一月未睡眠，又曾拼命救护倒屋压伤之人，评为三等功
　　臣，授有勋章。与之谈甚久，作五律一首赠刘更象。

〔二〕更象曾立有三等功。

癸巳除夕

1953

龙年过了是蛇年，起陆龙蛇方骇然。

聋聩焉知四海外，疮痍时念十年前。

和平喜事留神听，醉饱居然到岁筵。

更祝马年无事过，不闻兵马得安眠。

甲午元日，晓起翻书感赋

1954

犹记怀书上学年，岁星忽忽五周天。
一身不觉成今古，万化相寻孰后先。
差喜风尘免猿鹤，何须梦幻问鱼鸢。
书生结习应难改，惜取馀年对简编。

甲午元日感作

1954

黄海师歼是此年，童时记忆尚依然。
心伤到骨应难疗，头白犹惊说满鲜。

震不于躬于其邻，今知天地有深仁。
可怜一纪星回后，鸭绿江头复见春。

丁月江先生八十寿①

古者寿无以百计，多至八百夸彭篯。
一自嗜欲斲大朴，人生鲜克全其天。

---

① 据《钟泰》日录，1954 年 1 月 6 日丁月江来，索寿诗（丁月江 1955 年八十岁），1 月 22 日寄丁月江寿诗七古一首。

76

七十已称世稀有，遑论八十当大年。

天地未改赋畀厚，人自坏之嗟可怜。

丁公学道有深得，精气不损人中仙。

吴门一会时六十，于今八十无殊前。

少年难争腰脚健，孺子差比颜色鲜。

想见食和饮沆瀣，游心虞夏羲黄先。

平生馀事寄书画，兴来亦复吟成篇。

歉然不足常自下，每云不学老市廛。

信哉盛德有若谷，谷神不死长绵绵。

期颐百岁不待卜，会齿再生毛再玄。

愧予生后毵先及，大椿蒲柳何相悬。

欲乞还丹分半粒，更与寅年上寿筵。

既认购建设公债^①赋二绝示家人^②

五十馀年说富强，白头今喜望能偿。

蹄涔曷足裨沧海，力短须知意自长。

家国由来一理通，今时之约后之丰。

节衣缩食还吾旧，记否流离寇乱中。

---

① 1954—1958 年新中国发行过国家经济建设公债。

② 此诗与《寿丁月江八十》，应是抄稿。两诗写在同一纸上，寿诗写于 1954 年 1 月 22
日。后有字曰："近作呈寄诸大吟坛指正，钟泰呈稿"，并钤印。

食煨蹄戏作

1954.3.11

平生厌软熟，老至乃甘之。岂不嗜乾肺，齿脱何能为。
咄哉年事迁，亦使情性移。非是情性移，应坐血气亏。
但快入口美，那顾伤胃脾。厚味实稔毒，诚惧后患随。
不观古哲王，当其壮少时，举直黜邪佞，面柔不能欺。
一旦昏耄及，狃安忘其危。好恶改畴昔，小人因得窥。
李杨唐天宝，曾龙宋淳熙。郅治竟不终，长为后世嗤。
饮食虽细事，大小一理推。如何老不戒，拂经贪朵颐。
罢箸一慨叹，自检成此辞。

寿 刘 啸 篁

1954.4.14

喜得清明祓不祥[一]，举头惟见寿星昌。
还将海上蟠桃会，移入山中曲水觞。
兰芷遗芳应未远，苧萝旧梦故难忘。
老来宾客诗弥健，几日争传自寿章。

原注：

〔一〕盖今年三月三日恰值清明，为其诞辰也。

为周总理五项宣言作

1954

并育不相害,岂徒物有然。因人积成国,异土却同天。
那作侵陵想,仍将虞诈捐。大同吾古义,合自我开先。

为丁月江题画像

1954.5.2

抱朴守冲,老而益恭。
人推为有道君子,己则曰吾焦东老农夫。
农也而有君子之容,是岂不益可以为表学风乎。

一九五四年江淮大水,赖先事疏导兼防壅得宜,未成巨灾,感赋一律

水行失其道,东南岁患深。导川修禹迹,警绛见尧心。
今夏遭淫雨,斯民免陆沈。益知彻桑土,宜迨未天阴。

徐淮之间内涝成灾①，车行见之恻焉心蠹，为诗以告采风者

天人不相应，早夏霖雨集。渠堰虽渐修，排泄苦未及。
我在山东时，已闻为涝戚。车行过徐州，骇叹势岌岌。
沂泗争下流，溪谷漭洺潒。厚田半沼泽，偶见屋露脊。
逃生几破舟，败叶随波激。人命纵得活，饔飧何自给。
青青粱与黍，耕种岂不力。欣欣方日长，一旦水吞食。
嗟哉徐淮民，数岁得安辑。今如病乍起，又遭风邪袭。
勿云此偏灾，偏灾足战惕。国家勤禹功，尽力在沟洫。
一隅有未完，他或受其急。遐迩合周咨，利害必深入。
天行胜未易，无遽张盛绩。

宪法颁布成一律

1954.7.9

野战玄黄几辈功，地天反泰日还中。
旂昭星象光华烂，鼎定燕京气象雄。
万众胪欢观大法，百年经制在崇工。
老予得预文明盛，不羡尧衢击壤翁。

---

① 1954 年长江流域爆发特大洪水，内涝成灾，徐淮地区亦受灾害。

喜毛、朱二公当选正、副主席①

鼓舞夔轩古有之，谁知今更胜尧时。
黎民几与贤能选，越国犹知揖让私。
宪典新开千古局，姓名早著万人碑。
电音一夕从天下，化作雅声满四陲。

题亡友南通徐益修所著《徐氏全书》后六绝

1954.10.5

平生学不以师承，孔老瞿昙并服膺。
时有融通存独悟，掀翻门户见真乘。

六经诗易各专门，性道文章未可分。
比兴暗通艾象理，旧师吐舌诧云云。

京焦之易苦繁难，繁难中有简易端。
缕析条分见根本，莫作支离破碎看。

深明消息洞阴阳，汉易收场虞仲翔。
接踵皋文理道绪，研几观象有津梁。

---

① 1954 年 9 月 27 日全国人大一次会议选举毛泽东、朱德为国家主席、副主席。

声音文字信荃蹄,不彻荃蹄道亦迷。

耳目圆通双运用,先生于此得天倪。

钱塘江上旧盘桓,风雨鸡鸣共一山。

十八年来生死隔,却从遗著拜芝颜。

秋生近作墨蟹便面五十页,合之所临《书谱》、《洛神赋》,及历代名人书法亦五十页,将付装池,求余作序,并以一墨蟹便面见贻。因赋长古一篇为报,即作序观可耳

1954.11.25

秋生①有女善绘菊,近亦自作墨蟹图。

五幅十幅不肯止,爬沙郭索满坐隅。

劳形费日何所取,我知秋生秋兴殊。

蟹肥菊瘦坐相对,脱然廛市如江湖。

人生乐事在心赏,饕餮只笑持螯粗。

昨来惠我一便面,亦有二蟹联菰蒲。

漏痕钗股笔力健,书画事异理则符。

我闻秋生精草隶,书谱阁帖时临摹。

囚书悟画画悟书,家有道韫道不孤。

即此自足传不朽,求人作序胡为乎。

报公一诗书公扇,可惜雪纸成鸦涂。

涂鸦画蟹孰贵贱,乞公一判当胡卢。

---

① 秋生,黄佩秋,又名黄文灏。

康藏公路①告成，诗以庆之

世界有屋脊，其高天可扪。神工动丁甲，地脉绝昆仑。
坐见车同轨，长为邦作藩。更通身毒国，兄弟谊弥敦。

岁 初 有 感

乙未

日食公糈过万钱，中惭每诵伐檀篇。
空谈王霸真迂阔，得力诗书早弃捐。
喜近少年销暮气，渐从物化悟生缘。
旧来私诩梅同调，终逊梅花老态妍。

咏 蝉

为胡风分子赋②

脱迹泥涂今几时，何心偏欲占高枝。
枪飞才与鸠齐量，有喙徒为范作缕。
噪处不休中性躁，黐来何术得身离。
却怜枉负嘉名锡，知了原来了未知。

---

① 1954 年 12 月康藏公路北线通车。1955 年西康省撤省，康藏公路更名为"川藏公路"。
② 1955 年 1 月中共中央开展批判胡风运动，同年 5 月 18 日胡风被捕入狱。

用释氏语以诫张皇原子武器者①

不耐诸天乐，修罗起恚嗔。便思尽色界，一碎作微尘。
如舐刀头密，难藏藕孔身。铁丸与铜汁，偿汝永沈沦。

为华沙会议②赋

邦有如兄弟，于今始见之。岂惟通货贿，直是共安危。
已就率然势，况皆师子儿。和平才一线，全仗此支持。

寄怀鲍永高，兼寿其七十

1955.12.24

秫陵烟雨吴门雪，聚散匆匆各白头。
青鸟忽传东海信，黄华未改旧时秋。
自由道力支难老，早见乡评上黯修〔一〕。
生与陋轩同月日〔二〕，故应诗笔亦相侔。

原注：

〔一〕地方时举君应文史馆之徵。

〔二〕君生日为九月廿二日，与清初吴野人先生同日。

---

① 据一九五五年二月《日录》，"文史馆通知，十九日举行反对原子武器签名，覆以一片，请其代签"，推测此诗当作于此前后。

② 1955 年 5 月 11 日，苏联、波兰等在波兰首都华沙召开会议，中国代表作为观察员列席会议。

男 儿①

为胡弘一作

男儿心报国，几陷作人奴。内望双鱼断，飞归一鹤孤。
世非犹昔世，吾更认今吾。为问收台日，功名有分无。

喜一江山岛收复②

新年有佳兆，收得一江山。遗虏无人色，全台定我还。
沧瀛遥控带，门户近防闲。想见风涛里，欣欣壮士颜。

为越南停战作

赤子谋恢复，为奴故不甘。八年才半壁，百折一奇男〔一〕。
势结鼎三足〔二〕，时成靳两骖。仍须深戒备，更有虎视眈〔三〕。

原注：

〔一〕谓胡志明主席。

〔二〕谓结连高棉、泰国革命队伍。

〔三〕谓美帝国主义也。

———————

① 此题后有"以下录去年旧作"，同一页诗稿后有《喜一江山岛收复》、《为越南停战作》、《咏总路线》、《喜援朝志愿军获胜》、《恶草》、《愧儡》六首，但诗所题事件、时间不尽吻合，姑且存此。

② 1955 年 1 月 18 日中国人民解放军解放一江山岛。

咏 总 路 线①

既庶宜求富,惟农亦赖工。因之昭国是,亦以变民风。
众宾稽生食,有无通事功。海山并盐铁,将与别私公。

喜援朝志愿军获胜

万历中韩役,何知今再逢。先机同敌忾,大义恤邻邦。
樊触羊羸角,罝罦雉碎胸。彼昏如不悟,更请试吾锋。

恶 草

斥美蒋条约也②

恶草除未尽,迁延成葛藤。虎凭伥鬼虐,盗见主人憎。
久已肝如见,空多口说滕。何时断鳌足,不惜海翻腾。

傀 儡

斥联合国中会员国受美帝国操纵,拒不肯复我席位也。

坛坫胡为者,翻成傀儡场。从来牛后贱,一样吠声忙。
掩目迷山在,亡身恋饵香。宁知梦不久,明发早东方。

---

① 1956 年 9 月 15 日—27 日中共在北京召开八大,会上通过了社会主义建设总路线。
② 美蒋条约即中美共同防御条约,美国政府与台湾当局 1954 年 12 月签订。

丙申元旦作

1956

鼓乐新年接旧年，天时人事两欢然。

真教粪土黄金等，更喜阳春白雪先〔一〕。

此去定看花似海，向来过计砚为田。

何当老我千山里，手把双铧犁晓烟。

原注：

〔一〕除夕夜有雪。

读根治淮河规划报告①，欢喜赞叹，为赋一律

禹迹茫茫不可求，贾君三策亦空谋。

圣人能与民同患，天下何容水横流。

经画关中还汙野，通连海道转云艘。

他年史志重开局，食货河渠合并修。

化　迹②

化迹迁流讵有常，愧无先识察微茫。

生民自昔皆刍狗，文字于今亦饩羊。

---

① 1956 年新中国发布《淮河流域规划报告（初稿）》，是第一次比较系统的综合规划。
② 与《读根治淮河规划报告，欢喜赞叹，为赋一律》在同一页稿纸上。

因悟济前存小过,还怜学者丧多方。

床头老易分明在,进退存亡自主张。

食瓜,忽忆及邵平种瓜事,戏赋一绝①

咫尺青门得自由,汉家网阔漏吞舟。

若逢瓜蔓兴抄日,何处能容尔故侯。

翊云②代表视察河南回,寄示纪事诗八章,读之感发,率赋四绝承教

喉舌灵须耳目明,中州况是迩神京。

此行虽异皇华使,亦有周爰靡及情。

不雨西郊有密云,需为事贼几人闻。

辒车过处知雷动,百倍寻常一纸文。

安乐家家今有窝,客来更不费张罗。

百源采得风诗否,岂少尧夫击壤歌。

早闻巩洛众工兴,一览弘规远未能。

牖下自怜同伏枥,看君老骥独骞腾。

---

① 与《读根治淮河规划报告,欢喜赞叹,为赋一律》在同一页稿纸上。

② 翊云,江庸。第一、第二届全国人民代表大会代表,1953—1960 年任上海文史馆副馆长、馆长。钟泰 1953 年始在上海文史馆工作。

志　喜　诗

为上海市庆祝各业公私合营进入社会主义社会作也。

1956.2.7

力恶不己出，货非己所私。徒闻圣人言，今乃亲见之。

风声一以树，响应动四垂。京师诚首善，具瞻尤在兹。

绾毂江海处，轮舶纵横驰。廛肆密林立，百物咸取资。

虽曰此一隅，全局关胜衰。工人实始唱，力与先进追。

技艺出新巧，往往超等夷。宅心为大群，那顾一身疲。

感彼货殖徒，志意亦改移。颅趾同圆方，戴履同高卑。

有如并途行，彼速吾何迟。自利已深耻，况以朘人为。

幡然识趋向，大道无两歧。一动因百和，未用相谋咨。

小大齐一愿，上言陈所司。身为天下人，天下共安危。

国富民无贫，此理信不疑。人自食其力，何愁寒与饥。

资财入公家，公利私岂遗。区区权子母，孰若均平施。

委曲悉利害，情知无伪欺。溯自建国来，土地首厘治。

田畴日开辟，川泽日披醿。通力而合作，农今粗植基。

一国犹一身，四民犹四支。大计曰工农，无应全参差。

以是请得行，一一如所期。欢声随处发，感彻人心脾。

搅金鸣鼓笛，相贺群熙熙。虹霓耀灯火，云霞簇旌旗。

攘攘不夜城，无曲巷大逵。欢乐一日泽，经营十年规。

能者当致力，智者当尽思。孰云事艰难，北邻有我师。

人人奋自效，各各相提撕。实行无空言，治成近可推。

曰此孰使然，领导由得宜。天下者神器，可为不可持。

庙堂有圣明，默运司晷仪。执中无偏颇，奉天无后时。

89

亨贞动无咎,大哉义在随。惟予抱残阙,坐食惭老赢。

还如朽樗木,亦受春风吹。蒸然出芽蘖,鼓舞不自知。

窃比击壤翁,歌谣自成诗。非敢贡其谀,非敢饰其辞。

援引或非伦,一听人瑕疵。

哭 柳 劬 堂

1956.2.16

南雍同辈几人存,史学先生晚独尊。

升降三时千古眼[一],辩章十义一家言[二]。

盋山依约留书影,歊浦凄凉哭寝门。

旧业都荒惭后死,拟修学案共谁论[三]。

原注:

〔一〕劬堂作《中国文化史》分三时,自古初至周秦为一时,汉至隋唐为一时,唐以
　　　后为一时,与他人异。

〔二〕所著《史学要义》十篇,《史原》、《史权》并有卓见。

〔三〕劬堂曾拟为先师海陵黄先生撰学案,属与余商讨,卒因病未着笔。

自 　 传

1956.2.23

古人作自传,为其可以传。我无可传者,胡为弄笔焉。

由来五十年,世道有变迁。炫鬻出多途,效颦吁可怜。

妆点自描画,不问媸与妍。袭用失其本,末乃供状观。

或同自忏文,发露不护前。是则于我适,我实多罪愆。

父母最小儿，骄惰根雏年。　未能博一衿，侠少相周旋。
十五发妄想，东游江户川。　背亲私出亡，坐使泪眼穿。
沈迷不自觉，翻矜先着鞭。　营营为身谋，报国徒舌端。
廿六不得意，又上南洋船。　归来母已病，病因儿忧煎。
天肯赦儿过，儿还母获痊。　自此悔渐萌，经传重探研。
儒门有矩范，从学黄老先。　但免小人归，敢望希圣贤。
十年林下心，恳恳何拳拳。　泪下不自禁，示我不孝篇。
欲报良已晚，萱折椿随蹎。　哀哀风木悲，抱恨成终天。
仍恃有师在，植我桃李边。　奈何学不力，故我相纠缠。
一矜不自克，所得空蹄筌。　下愧谢与杨，上惭参与骞。
一朝梁木坏，仰钻失高坚。　茕茕真鲜民，皇皇无攀缘。
理宜效跧伏，而乃思腾骞。　北出榆关道，南走粤海堧。
典签得微官，簿书敢自传。　间阎百利病，噤口同寒蝉。
韶州民丧居，西江水吞田。　诺画自我手，责岂不我肩。
委蛇逾十月，陨越心悬悬。　再出长一县，俄遭寻戈鋋。
索夫三百名，火急文书连。　无已出轻囚，更益募单孱。
十一勉应徵，缩如羊就牵。　焉知存与亡，念之泪塞咽。
平生志事何，只以谋自全。　虽幸挂冠去，三月惭俸钱。
更还理旧业，钱塘坐青毡。　前后十寒暑，多士由陶甄。
拙近少巧手，运钩不成圆。　岂无一二才，芬芳生兰荃。
此皆出己力，我功无百千。　以至湘黔间，避寇藉一廛。
施教应功令，诡辞即安便。　负罪有重轻，视时有促延。
为子弟不肖，为师则鄙顽。　薄材无美器，此理同昭然。
寇退得东归，黑头化白颠。　自顾无一可，于世合弃捐。
两年屏山城，颇思自洗湔。　饥驱复不耐，歙浦来蹁跹。
高坐说诗书，攘臂诚腼颜。　大运忽回转，林蒸操其权。
井田既易制，学校亦改弦。　宿县四十日，日走阡陌间。

乃知仁者怀，柔刚配坤乾。兼并苟不摧，农力何由宽。

我实蔽也愚，不学近贼残。怨艾触旧患，怔忡夜不眠。

引退甘食贫，庶谢蚕与佃。谁知国恩厚，厕我公养班。

文史岂所谙，顾名心难安。滥竽耻冒位，伐檀羞素餐。

穷人负巨债，何时能偿还。感激记生平，露文不润删。

每当隐痛处，颡泚仍泪涟。仰以质苍穹，俯以告黄泉。

他年正丘首，还当基碣镌。

除 四 害

1956.2.24

春秋书鼷鼠，小雅戒青蝇。雀角号讼端，蚊睫象战徵。

四者皆不祥，久为世所憎。其名诚已恶，其害尤难胜。

大罗既废职，蔫氏亦失能。迎猫典不举，草董法无称。

遂令种日繁，两两相为朋。雀也实伤稼，每令岁不登。

及其稍收获，鼠也隙是乘。仓箱无万千，穿穴来相仍。

往往一夫勤，终岁馀斗升。飞走虽异类，荼毒一法承。

炊熟幸一饱，蝇也飞薨薨。群集甑釜间，遗矢不可扔。

不食曷疗饥，食之心战兢。食固苦蝇扰，眠复愁蚊横。

蚊也暗难防，终夕聚营营。贫家食已艰，何来帐用缯。

任令饱血去，徒劳挥以肱。蚊蝇实狼狈，平分夜与明。

其状同大腹，其性同嗜腥。不独害中人，亦旁及畜牲。

肥腯为瘦瘠，瘝蠡残其形。然此害犹小，大害病从生。

疟痢人所知，其它难尽名。鼠又害过之，病则大疫行。

其名曰黑死，未死血先凝。凝为黑色斑，周体散若星。

有时旬月间，死藉遂空城。医师为束手，空有悲填膺。

鼠者蚤所丛，蚤者病所凭。　蚤虱蚊蝇类，幺么每见轻。
不知中蕴毒，杀人逾刀兵。　绝其凭依者，庶使本源澄。
以故四者中，鼠辈当首惩。　次蝇蚊次雀，无一可逃刑。
是事非一人，要在众力兴。　所戒气衰竭，贵在持以恒。
穷窒修墙屋，盖藏谨瓶罂。　沟渠圊溷间，奋扫常清洁。
已生令无食，未生令无萌。　盖以机罗张，药洒坑埋并。
丑类虽众多，终期得清宁。　愚公移山力，精卫填海心。
山海尚可平，微物何能争。　人伦自灵异，咄尔敢凭陵。
作诗当檄文，驰与四方听。

喜　雨

乙未六月十四日作

1956.2.27

水咸不可饮，每饮苦棘喉。　云坐江水枯，海潮因倒流。
此事昔少有，今几一月周。　苦饮自小事，吾因念田畴。
忆自去冬来，雨稀晴日稠。　蔬贵不易买，主妇久为愁。
除夕虽得雪，薄尔晓无留。　迄又十馀日，望雨空凝眸。
颇闻西湖涸，舟行但小沟。　又闻浔阳上，巨舰不能浮。
旱象似甚广，非止一二州。　东南农产地，一岁恃两收。
秋收则粳稻，夏收则麦麰。　两税之所出，舍此他无由。
麦种既数月，苗短不上抽。　实冀春雨滋，苗长便行穟。
雨水节已过，不见雨打头。　将无同中谷，有蓷暵其修。
青黄果不接，长夏粮何求。　抑有菜与豆，遍污邪瓯窭。
耐旱更逊麦，茎叶干相樛。　菜以供膏油，豆以为庶羞。
是皆关民食，能无饥馑状。　濬川障陂池，水利岂不修。

93

天泽不下施，人力亦难谋。昨夜夜半醒，檐溜闻溲溲。
喜极不成寐，彻旦声未休。霡霂辰到午，雨气犹满楼。
定卜十日霝，江水来悠悠。沟塍并盈溢，种作皆有秋。
岂独慰农人，吾亦荷神庥。酬神无酒醴，薄供茶一瓯。

杂　诗

1956

秦以吏为师，隶书起程邈。当时实称便，刀笔贵迅速。
八体成虚名，学僮几人学。小篆已中废，何况古文朴。
逡巡百馀年，书礼出坏屋。煌煌此宝典，遂少人能读。
淹没在中秘，百世难可赎。下逮汲冢书，一任烂简牍。
似此事岂鲜，史多遗未录。人情趋为简，世事踵烦数。
利近众易知，弊远少能觉。常行既变古，别体徒骇俗。
人人皆沮仓，同文恐不复。深慨想许君，如闻鬼夜哭。

古人课童蒙，先自句读始。句读诚已通，读书自会理。
譬如初学步，不能无傍倚。及其能自行，则无待于是。
所以章句学，特与筌蹄比。俗师不晓事，本末失先旨。
破碎拘文义，纷纷圈点起。滥觞自宋人，于今竞波靡。
遂使初学徒，望月惟认指。一旦指不见，茫然失所恃。
开卷不能读，但看字满纸。何况圈点误，百十而不止。
既塞人聪明，更益人症痞。牵率古人言，强就已揣拟。
习久成风尚，相偕趋激诡。斯文日丧坠，病岂不坐此。
安得学校中，改涂循正轨。养人理解力，不复形式以。
典籍幸未残，嗜之自不已。何事多烦费，佛头硬着矢。

陶公千载人，心与羲皇伍。托想记桃源，志趣略可睹。

有汉尚不知，魏晋安足数。区区俗中儒，觊公何成腐。

谓言公卿胄，念念在旧主。作诗书甲子，特以距宋武。

晋宋等篡耳，何所分舍取。狐媚薄司马，岂不如羯虏。

信哉蠡管见，不足测海宇。天民不得臣，大行非小补。

昭昭邹峄言，奈何等聋瞽。寄言论世徒，读书勿卤莽。

道学集大成，晦翁实无匹。图书既探源，经史各有述。

迹其律身处，斩斩严以密。出入蹈孔孟，礼法罔敢佚。

何来诽谤言，食菜事魔术。牵连到西山，编管至病卒。

无兄谓盗嫂，诬妄竟如一。继祖龌龊人，提名怕污笔。

论易偶未合，相弹复林栗。栗也亦学人，意气成媢嫉。

乃知毁誉口，是非信难必。君子务自修，人言讵足恤。

杂 诗 又 一①

东野尽马力，颜阖知其败。用人犹用马，岂逞一时快。

积久乃见功，锐进亦速退。所以才要养，忧贤恕不逮。

感激各思奋，盛大日以迈。浅夫骛目前，急利忘其害。

但知货为宝，不识人为贵。束缚加驰骤，竭蹶因困惫。

人材既戕贼，事业亦废坠。贪功互欺蒙，怙过莫惩艾。

古来同一辙，长歌寄深喟。

---

① 以下两首《杂诗又一》与前《杂诗》同抄在一处。

杂 诗 又 一

荆公青苗法，鄞县行之效。取息才什二，免受富民娆。
故当执政日，通行更不摇。谁知出请求，终乃成分俵。
良法为民害，岂公意所料。朱子惩其弊，社会益周到。
后来社仓行，害亦正相肖。乃知天下大，难以一邑校。
奉行非其人，展转变面貌。不问下疾苦，但顾上召号。
小则为烦扰，大者为万暴。使者虽四出，警戒亦稍稍。
御人良独难，逆顺存恶好。无私如日月，犹有不遍照。
哀哉禹稷怀，何由能允蹈。

经 国

1956

经国千万端，岂系一人力。率由聚众材，小大各举职。
小者无怍颜，大者无德色。一一尽本分，等耳何奇特。
是谓大道行，盛治斯为极。惜哉德下衰，骄谄久成习。
虽有贤豪人，并起自陋仄。主义之所感，林总效驱策。
一朝居上位，指挥任胸臆。积累万众功，并作一人绩。
相戴俨帝天，所植尽羽翼。因骄以来谄，因谄遂成慝。
异己渐翦除，刑赏出不测。岂无谠直士，畏罪亦缄默。
一身洵快志，国计多差忒。致令盖棺后，功罪不相敌。
乃知古人言，己私当首克。一毫私未净，祸发终必剋。
此真学问事，不关多闻识。舍是求大同，辕南辙则北。
敢告后来者，前鉴常在忆。勿受生时诶，空招死后责。

湖上杂诗四首

一九五六年四月十三日夜到杭，
十七日午后乘车返沪，在湖上者共三日。

横溢春光不可围，穿林渡水上苔矶。
无端化作漫天絮，更逐游人到处飞。

南山过去又西山，烟霭依微紫翠间。
好是日斜风定后，倒看山色棹舟还。

里湖新涨浸初露，想见张郎貌似花。
留得田田此一曲，孤山胜不属林家。〔一〕

湖明如镜净菰蒲，不见群飞鹎鵊呼。
信是飞潜难两得，偏他鱼乐任唼喁。

原注：

〔一〕全湖莲藕皆以疏瀹除去，留者三潭映月外，惟里湖一处而已。

杂　诗①

稗贩诗书已可羞，何心更怨薄于酬。
广文脱粟黄斋饭，旧有仪型在上头。

---

① 1956 年钟泰《杂诗》较多，故列在一处。

97

一灯月耗半薪强,益我翻成养目方。
昔之捐书惟暗坐,不忧刺目满丹黄。

谢却前车诒后车,漫言今昔有荣枯。
徒行合是书生分,老脚修途已胜渠。

春韭登盘乍食鲜,饱馀自愧腹便便。
平生常怪何曾侈,日食吾今过万钱。

一纸谩人鬼画符,万金换得几头颅。
未须驵僧轻相诮,平世何容有士夫。

自塞聪明剧可伤,政情兵事两茫茫。
先生不是能忘世,只为艰难断报章。

武昌蛇山抱冰堂吊张文襄

1956.5.24

南楼歌啸地,不见抱冰人。风月还如昨,文章自有神。
群材夸幕府,残局结君臣。一代论人物,袁刘总后尘。

观武汉长江大桥工程作

1956.5.25

武汉天下冲,大江限南北。方当割据时,天堑恃自画。
疆宇既已一,万里在肘腋。肯令衣带水,咫尺坐相隔。

况今鞮译通,梯航走异域。货贿时往来,迟速争旦夕。

庙堂高瞻瞩,规度集群策。丁甲动神工,龟蛇勘地脉[一]。

飞梁驾鼋鼍,鞭石血流赤。我来丙申夏,江水正涨溢。

万夫竞自奋,役作夜不息。中流乱灯火,水天共一白。

时闻锤钻声,訇砉殷霹雳。仿佛见红霓,飚车过如织。

虽云客师助,要自吾民力。输材非一方,费帑亦巨亿。

传闻明年冬,竣工期可克。五年兴国计,关系此为剧。

有如人一身,首要壮膂脊。血脉盛通流,百骸资润泽。

岂惟利转运,过师亦衽席。八方归控制,何虑强戎逼。

因思宁浦间,迳渡藉轮舶。乱流非久图,安行宜别择。

东西两梁山,采石相犄拒。风波称绝险,欲泻苦路窄。

智巧应无难,形势或用逆。移此建设才,踵此经营迹。

横江夸阁道,孰云力不克。遥遥上下游,双龙对腾掷。

何时见此观,老眼吾更拭。

原注:

〔一〕桥正在龟蛇二山之间。

舟行过小孤山

丙申四月(1956.5.29)

我读陶公诗,绝爱中皋作。四空无依傍,想见高人度。

当年过小孤,仿佛若一遇。屹然在中流,撑拒风涛怒。

岂知四十载,景物不如故。沙嘴日以长,陆尾遂相属。

攀登失峻拔,不待扁舟渡。长江五千里,孤屿亦有数。

金焦与此三,屡入诗人句。岸谷有默移,沧波不停注。

特立良独难,陵夷滋可惧。大力负之趋,何由得自固。

孤征且上游,微阴任前路。交臂崖倒奔,回首洲半露。

暂赏足慰情,长歌聊发趣。

武 昌 东 湖

1956.5.29

旧是西湖客,来作东湖游。西湖已嫁女,东湖初上头。

幺鬟压短发,剪水明双眸。脂粉不待施,天然足风流。

楚泽夸云梦,旧迹难可求。窃疑此一区,巨浸曾天浮。

沧桑渐改移,十九成汀洲。水浅波不兴,往来容小舟。

中渚一洄溯,小园暂勾留。布置虽草草,游人竞相投。

未敢厌喧阗,稍觉伤清幽。归舟已夕阳,明灭山上楼〔一〕。

想像蓬莱宫,仙人可招不。因思山水璞,亦赖人雕镂。

所难别美丑,并关技劣优。愿言告方来,经营善图谋。

无为多唐突,恐贻大夫羞〔二〕。

原注:

〔一〕武汉大学课堂、图书馆皆在珞珈山顶。

〔二〕湖上有屈大夫纪念阁,故云尔。

八 卦 汤

厚侄邀余在小陶袁尝此。

1956.5.29

大江富鱼鳖,楚人嗜独殊。铡羹尚龟臛,虽美胜有馀。

爨爨极烂熟，岂用老桑株。善者曰陶袁，名字争传呼。
号为八卦汤，闻之一胡卢。疑是好事者，故用相揶揄。
古人神龟卜，宝同赤玉图。山泽时见取，从王至士夫。
是以甲与骨，颇出殷旧墟。一片值数金，考文盛腐儒。
惟汝四灵一，不幸辱泥涂。胡见逸庙堂，而以充庖厨。
得无误见梦，刳肠遭割屠。不然身自殃，腹中孕明珠。
两者俱非是，祸坐饕餮徒。粤人亦甘带，佛㑆食蛣蝓。
嗟哉口腹欲，夫岂有既乎。吾侄邀我尝，勉为尽一盂。
佐以饼不托，未信胜鸡雏。我愧不知味，无以张盛誉。
作诗聊纪异，亦用志我迂。

车行夜过邯郸

1956.5.30

无复佳人跕屣歌，太行山影远嵯峨。
多年醒却邯郸梦，偏是邯郸梦里过。

雨中游陶然亭公园作歌

1956.6.9

京师自昔苦尘杂，萧疏独有陶然亭。
野水一泓长蒲苇，平台几尺临畦町。
热客车马所不到，诗人瓶榼时寻盟。
城隅荒落何所取，绝爱坐面西山青。
迩来兴建百废举，馀力亦复及林坰。

潴池垒石植树木，旷然远瞩非前经。

于兹襟抱一舒散，都忘沾湿时雨零。

却寻旧迹不可得，惟见鹦鹉香冢铭。

美中不足过雕琢，华丽不免伤清灵。

此城公园有六七，大抵分割自禁廷。

崇楼杰阁焕金碧，久观有若餍膻鲑。

转思蔬笋乐清澹，孰云好恶非人情。

何况天然有真美，村女无害称娉婷。

强为涂抹学城市，徒毁妙质同髡黥。

胡不留此具一格，稍存野趣仍天成。

钓水坐石荫清樾，自适其适来民氓。

竹篱茅舍足点缀，何必刻桷兼丹楹。

重劳费财尚小事，导民以侈忧其萌。

雨簷坐久凄欲暮，浩歌不觉秋气横。

调卑意苦谁与赏，恨不重寻醉郭听[一]。

原注：

〔一〕亭侧旧有醉郭墓，不知迁往何所。醉郭者，林琴南尝为之传，见集中。

天 坛

1956.6.15

燔柴久已罢明禋，坛宇清严迹尚新。

礼乐于今多损益，云雷终古有经纶[一]。

曾闻呼吸通真宰，未改明威自我民。

好是周垣旧槐柏，年年长大接青旻。

原注：

〔一〕时值雷雨。

山 海 关

1956.6.29

山海失其险，雄关徒旧闻。乱峰攒废垒，远水荡空云。

屯聚人烟盛，交驰车轨纷。一家天下日，内外若为分〔一〕。

原注：

〔一〕今犹习言关内、关外，实已失其意。

济南大明湖

1956.7.2

风蒲猎猎柳毵毵，背日红蕖色半酣。

疏野自多明媚少，济南未见似江南。

曲阜谒圣庙

1956.7.5

庙堂不共朝廷覆，礼器依然像设陈。

信有声名施蛮貊，故凡血气知尊亲〔一〕。

及门想见三千盛，名士难逢五百春。

我愧礼容未修整，当阶欲拜更逡巡〔二〕。

103

原注：

〔一〕时亦有外宾来参谒。

〔二〕时衣短衣。

孔　林

1956.7.5

劫火不到处，参天宰木青。肃瞻来众庶，严卫有神灵。

面势存洙水〔一〕，心香剩楷亭〔二〕。缅怀庐墓意，千载涕犹零。

原注：

〔一〕洙水已改流，转通一渠，以存风水。

〔二〕子贡手植楷仅余一橛，构亭以盖之。

泰山南天门观云海

1956.7.10

蓦地云成海，居然天有门。浑愁来路断，乍觉此山尊。

缥缈孤楼迥，微茫一气存。无心仍变幻，何自觅根元。

冰雪封犹热，波涛静不翻。儿孙皆岛屿，肤寸尽乾坤。

岂有鱼龙扰，还闻鸟雀喧。徂徕鳌背见，汶沛尾间吞。

松影珊瑚乱，潮音石峪繁〔一〕。射来疑倒景，裂处辨前村。

嘘吸谁为主，高明似可扪。沧桑俄顷事，陵谷旧时痕。

未用小天下，于焉荡我魂。更当凌绝顶，出海看朝暾。

原注：

〔一〕谓经石峪也。

游泰山五绝句

1956.7.10

步步天门未易攀，两竿挟上白云间。
东皇自是能优老，容我横行在此山〔一〕。

荒古难稽七二君，后来封禅遂纷纷。
纪功刻石终何用，不见秦碑没尽文。

金殿巍巍踞上方，元君事迹亦荒唐。
岂关天上垂星象，只是人间重女郎〔二〕。

高岩飞瀑动晴岚，未信山民侈异谈。
生死由来悬一线，危机何必黑龙潭〔三〕。

旁薄东维知几支，我来未尽泰山奇。
缒幽凿险当年事，付与急装缚裤儿。

原注：

〔一〕山轿皆横抬。

〔二〕碧霞元君祠。

〔三〕黑龙潭上巨石有白纹如线，俗呼阴阳界，谓过之则死。

京中公园古柏多有为藤缠至死者，诗以哀之

1956.7.27

柏生古园中，方幸得地偏。岂知跬步内，有藤来相缠。
藤长一何速，数年出柏颠。柏也如戴盆，不复见日天。
南露为所夺，一枝枯已先。大本虽合抱，缩朒不成圆。
生死力争扎，终焉难自全。命制在他手，何能终天年。
吾独怪园人，睹此意泰然。斩截一手烈，纵令藤蔓牵。
惜藤不爱柏，轻重胡失权。将无守故常，未敢自便专。
万物有束缚，宁徒为柏怜。

苦　热

1956.7.27

衰年畏炎热，畏过百病乘。匪直肤理疏，心力弱不胜。
今夏热特甚，全市买无冰。解衣不止汗，挥扇几折肱。
信哉占候言，百年得未曾。五月下旬始，今既一月仍。
中间虽雷雨，每雨热益增。对食不能举，隐若腹有症。
蕾腾幸一睡，仅及日未昇。眠食两俱损，读书更安能。
昼既苦赤日，夜尤憎电灯。勿云电灯微，近之如灼蒸。
我闻覆载间，阴阳气相承。过盛则必复，此言应有徵。
胡今阳反常，无降但上升。或云由日中，黑子方勃兴。
或云试轻弹，随风热四腾。天道远难知，人事宜凌兢。
百计相荼毒，念念愁扪膺。世界真火宅，何由能清澄。

八月初一夜台风过境，杂以骤雨，拔木飘瓦，终夜不眠[①]

绕屋风狂吼，侵窗雨横飞。移床灯忽灭，飘瓦梦全非。
必变宁无说，弗迷安可希。平生愧机事，咫尺懔天威。

希鲁[②]同学六十，赋三绝以寿之

1956.12.19

闻说才难有妇人，圣功王道岂殊伦。
婵媛六十犹能化，不愧儒门席上珍。

飒爽蛾眉淖弱身，蓬莱几见海扬尘。
囊中早就长生药，那效人间羡大椿。

灵照庞家有典型，老来柴水自宁停。
从知无量西方寿，只在无生两字经。

整风学习毕作

1957

老欲偷闲未得闲，青衫逐队一年年。

---

① 据一九五六年八月一日《日录》，"午后台风兼急雨，彻夜未止，几一夜未睡，后弄大树拔去者二"，则知此诗作于此前后。

② 希鲁，陆希鲁。

邯郸学步应难似，湖海豪情已早捐。

前却自怜同水马，扶摇无力望风鸢。

朽材雕琢终何用，愧负公家费料钱。

陈丙一索书扇，却之不得，口占一绝，书以还之①

秋蛇春蚓是耶非，十指如槌强一挥。

差喜未知逞姿媚，俗书庶免退之讥。

戊戌新正初二日，与强、王二子明孝陵看梅花作

1958

依稀记得维新岁，六十年来亦迅哉。

天道几曾从右转，东风早又见春回。

青衫逐队身犹健，白首穷经愿未灰。

一笑境缘相助发，山头红透数株梅。

社会主义建设大跃进后，各地成立人民公社，欢庆之馀，纪以一律②

已过陆起龙蛇日，更望人皆尧舜时〔一〕。

不有雷达走精锐，何由朽腐化神奇。

---

① 与《整风学习毕作》在同一页稿纸上。
② 1958 年"大跃进"后，各地纷纷成立人民公社。

齿繁却喜生之众,体大偏宜展所施。

一日廿年齐着力,老夫虽老愿追随。

原注:

〔一〕毛公近作有"六亿神州尽舜尧"之句。

大 炉 炼 钢①

火焰烛空起,欢声动地来。争传钢水出,是处土炉开。

炼石天能补,挥戈日可回。未须论武略,气已夺澎台。

挽 周 孝 老②

1958.9.5

大错不可追,一针直等九州铁;

相知难再得,七篇深赏未成书。

皮鹿门秋感诗

戊戌

妖孛横侵白日阴,老蟾跳出照深林。

汉家玉玺无完璧,唐代金轮有嗣音。

虎鼠又成今日变,龙蛇方识古人心。

黄尘碧海须臾事,多恐神州付陆沈。

---

① 1958 年"大跃进"期间,各地"大炼钢铁"。
② 周孝老,周善培。

109

神虬失水厄池中,猛虎毛间困毒虫。

党锢人才尊狱吏,皇舆成败问天公。

他时白马多冤鬼,异代玄龟兆女戎。

野老何心听时事,只然雷响耳难聋。

哭谭复生①诗五首②

竟洒苌弘血,难完孟博躯。南冠已共惜,西市更何辜。
浊世才为累,高堂泪定枯。荣华前月事,缓步入中枢。

同归首未白,相见眼谁青。访我来南学,看君上大廷。
枫林忽魂梦,天道有神灵。一日沈冤后,朝朝风雨冥。

嵇康养生戮,何事说延年。杳矣匡时略,凄其怀旧篇。
孝忠难喻俗,成败终由天。自古为弦直,纷纷死道边。

九关屯虎豹,一夜变龙鱼。李杜死何憾,仟文谤是虚。
焙茶嗟未试,芬草痛先除。尚有湘人士,来披邺架书。

君非求富贵,富贵逼人来。诅意山公愿,翻成党祸胎。
曾无纨绔习,竟枉栋梁材。沧海横流酷,人间大可哀。

---

① 谭复生,谭嗣同。
② 该诗与《皮鹿门秋感诗(戊戌)》同抄在一页上,或为纪念戊戌变法而作。

写交心书毕,感赋一绝①

腕脱眵昏小字书,新知旧习费分疏。

虎文豹变吾何望,免作龙门点额鱼。

庆祝解放十周年五十韵②

1959.5

天地果翻覆,逡巡十载盈。　艰难思缔造,亿兆仰生成。

百废难同举,分阴有必争。　农村革封建,乡里伐豪横。

岂独流亡复,兼令稼穑登。　军民真一体,枯菀本同生。

感激群知奋,渐摩俗颇更。　人羞言重利,士解薄虚声。

教学推先进,私资喜合营。　市街喧鼓乐,屋壁焕丹青。

面貌年年改,指标日日升。　革新争技巧,合理创规程。

人己何疆畛,公私并干桢。　似花经饱露,如刃发初硎。

积是根基稳,因之计画行。　但观纲与目,已叹博而精。

缓急仍先后,开承各重轻。　更生原自力,相助赖同盟。

骐骥来西极,鲲鹏化北冥。　厂场恢旧构,机械出新型。

天堑如飞渡,黄河指日清。　穷荒成沃野,高岭走轻軿。

贸易通殊域,亲交及远瀛。　伟哉唯物论,允矣顺人情。

领导胥吾党,经纶集众英。　苦心专建设,利器仗批评。

右袒诚何事,邪辞只自倾。　试看奇迹叠,亦使敌人惊。

①　据《钟泰》日录,《交心书》写于 1958 年 11 月至 12 月间,诗亦应作于此时。
②　此首诗当年曾在上海《新民晚报》上登载,同时钟泰先生还受邀在上海人民广播电台作了朗诵录音。

平藏才旬日，援朝更几城。初非夸武力，惟是保和平。

况已成公社，诸凡尽所能。一盘棋布置，八字得昭莹。

副牧渔林稼，工农商学兵。乡村即城市，民族一家庭。

机力调人力，油灯换电灯。所居皆夏屋，每饭足香秔。

步步园成趣，时时乐可听。欢娱皆老稚，教养到瞽盲。

何用寻天国，随方见地灵。五千年变局，二万里长征。

未至疑难至，前徵固有徵。从来不常事，端恃一精诚。

但使功无懈，何愁隙我乘。全台终必复，帝国伫分崩。

无缺金瓯固，双辉玉烛明。云霄见毛羽，精锐挟雷霆。

决算非迂阔，占爻自吉亨。斯民良有托，老我亦思兴。

作颂惭才短，遭时惜齿增。聊成五十韵，用祝万千龄。

庚 子 吟

立春日作（1960 年）

前六十年之庚子，列强以我鱼肉视。

今六十年之庚子，我视列强等蝼蚁。

盈虚消长固有时，强弱兴衰还在己。

历思往事长太息，半以国家为戏耳。

新政既罢外界开，革命犹新帝制起。

自强自立徒虚言，排外媚外两无是。

纷纷争乱十馀年，甲子丁卯差可理[一]。

不虞奸人盗兵柄，弃亲即仇听仇使[二]。

蚕食鲸吞孰致之，国几不国方更始[三]。

八年敌忾本同心，百计猜防自生痏。

外宁妄欲消内忧，先否却教成后喜[四]。

政权从此属人民，经画百端遵道揆[五]。

惩贪除暴首移风，起懦针顽亟明耻。

重工轻工网在纲，小农大农丝合纪。

人众由来可胜天，令行真乃如流水。

一穷二白焉用忧，三宝八法良足倚[六]。

已看月异而日新，定卜超英更迈美。

全台还我帜终易，不战屈人兵可弭。

老来不复嗟不辰，鼓舞欢歌十年里。

新春漫赋庚子吟，敢比古人说诗史。

原注：

〔一〕自一九二四年孙中山先生联俄联共经营数载，至二七年遂有北伐之举，出武汉而收苏、皖、赣、浙。

〔二〕蒋介石背叛革命，投入英、美怀抱，与苏俄绝交。

〔三〕及一九三七年联合抗日，而国几不国矣。

〔四〕日人投降后，蒋介石掀起内战，不义之师为人民所反对，乃节节败退而成吾党解放全国之局。

〔五〕道揆为马克思列宁主义。

〔六〕三宝者，建设社会主义总路线与大跃进、人民公社也。八法者所谓水、土、肥、种等八字宪法也。

蚂蚁啃骨头[①]

勿谓蚂蚁小，多可移泰山。况乃骨头微，而当群蚁攒。

啃之不须臾，肉尽骨亦穿。谁欤睿智人，于此悟其端。

小者可制大，散者可破完。运用到机器，机器为改观。

水锤之至钜，浇钢之至坚。用我蚂蚁法，当之更无难。

---

① 《钟泰》日录1960年3月31日载："午后参观望达路建设机器厂，所谓'蚂蚁啃骨头者'，其地则旧'半淞园'也。"

刨者如泥削，钻则如风旋。有时用仰攻，如攻城拔关。

有时用俯凿，如凿井与泉。有时四方阵，有时八面拳。

一蚁具众嘴，用之唯所便。不独出品佳，兼亦课效先。

我闻久神往，及观益慨叹。从知天下理，非远只目前。

忽由不经意，得在用心专。寄言革新人，此理宜遍传。

近各厂技工多有发明改进制作方法者，喜赋一律

1960.5

机械东来后，争言法泰西。几人穷阃奥，大抵守筌蹄。

巧力得相合，聪明出等齐。器成利天下，今喜见端倪。

东西两猕猴

为艾森豪威尔访日被拒赋[①]

东西两猕猴，丑恶堪匹敌。一猴长唇吻，一猴高颡额。

额高善骄人，吻长多巧舌。猴仗猴威风，猴假猴颜色。

忽传西猴临，来作东猴客。鹰隼为前驱，蛟鼍夹舟侧。

大海扬洪波，天昏云色墨。魑魅争趋承，声焰何煔赫。

惜哉来非时，客也视犹贼。那壖十万乘，喘息苦未得。

何况江户间，汹汹遍全国。苦心结同盟，得策成失策。

蓬莱咫尺近，竟遭神风隔。神风岂有他，太和民之力。

东猴既势促，西猴亦气塞。好恶拂人性，焉往不逐迫。

猴兮宜知之，不久追汝魄。

_____

① 1960 年 6 月美国总统艾森豪威尔访问了中国台湾地区、菲律宾、韩国等地，在一片反对声中被迫延期访日。

写寄雨村、小梅①

1960.7.24

东海文光旧烛天，西江剑气又腾渊。

修途不隔三千里，名世难逢五百年。

过眼往返鸟兔疾，同心邂逅女牛全。

此行羡煞归装富，多少云间五色笺。

观朝鲜电影纪录片《金刚山》作

1960.8.18

我闻金刚山，远在游日时。是时日方张，鲜也囊中私。

名山亦被污，处处木屐儿。以是游未得，忽忽鬓成丝。

曷来五十载，时势大改移。竟于电影中，饱领金刚奇。

万有二千峰，峰峰瀑布垂。散者若珍珠，汇者若琉璃。

毗卢出云际，朝暮无同姿。湛湛九龙渊，中蟠龙与螭。

石柱何森森，矗立海之湄。更有三日浦，仙人游忘饥。

不劳登涉力，高下揽无遗。夙愿初以偿，不禁感在兹。

中朝唇齿邦，早传永乐碑。秀吉始狂谋，万历曾出师。

相安三百年，遂遭日并之。乍脱日羁縻，旋为美觊窥。

大小数百战，遍地成疮痍。急难有兄弟，美师终舆尸。

信哉隤不息，箕子之明夷。屹然金刚山，见此不拔基。

---

① 雨村，顾雨村；小梅，胡小梅。

115

经营七岁间,千里马飞驰。国力渐强盛,岂图无倾危。

呻吟南半壁,蹶起将有期。统一完大业,三韩无分离。

老眼日盼望,已办筇一枝。会当新一往,用以徵吾诗。

为赵允安①《海沙诗稿》作

1961.7.22

南社风流邈莫追,几家绮丽几家奇。

白头剩有闲闲老,人海苍茫独咏诗。

纪念抗美援朝十周年作

海抱山环箕子国,狼奔豕突十年前。

谁令南北成殊域,信是东西不共天。

慷慨同仇原夙好,艰难百载至今传。

更看宝马超千里[一],伫见金瓯会再全。

原注:

〔一〕谓千里马运动。

---

① 赵允安,赵蕴安。

初冬尚暄,循例未明进火,热不成寐,
因赋一律,用自调侃云尔,非敢怨也

1962.11.15

焦火凝冰梦未安,严窗密室夜初阑。

蓦惊烂缦練衾重,翻忆萧疏草阁寒。

胡马越禽知性异,天行人事信中难。

此身何处非熬炼,大冶洪炉且耐看。

梅　花

1962.11.21

东北无梅,有之唯盆栽耳,然亦南人携来,土著者未知好矣。允安来书,为其友郑君乞作,①念此亦谈梅者故实,不可不识也,为题二十八字归之。

岂是梅花不耐寒,雪深亦自托根难。

南人积好无由遣,置得盆栽闭户看。

建所②周年纪念,赋长律十二韵以贺,兼为诸生勖焉

1963

未信斯文丧,终看大道行。冈陵宜械朴,黉舍聚髦英。

---

① 允安,赵允安。郑君,郑逸梅。
② 诗中的"所"乃是指长春"东北文史研究所"。

117

尚友论千古，观书拥百城。凤毛何璀璨，天马正纵横。
选士崇三舍，惇师比五更。四科游夏伍，二史马班衡。
教学还相长，藏修自有程。作人吾党事，传业昔贤情。
大畜期多识，重离望继明。一经吾已老，万里复何营。
冀本思先泽，嘤鸣念友声。勖哉二三子，幸勿负平生。

赠 伯 宣[1]

1963.4.21

春晚长春始见春，柳眉杏靥一时新。
未妨游赏迟人后，且喜芳菲尽此辰。
老去离群怜独志，静中观物识吾仁。
定知情不殊南北，时有嘉音慰远人。

夜有雪，晓起枝头尽白，然不甚冷，口占一绝

1963.10.6

中秋过后逢初雪，雪压枝头柳尚青。
晓日一窗风起处，真疑飞絮舞中庭。

---

① 伯宣，宗伯宣。

哀　心　叔[①]

1967

群书嗟满笥，一病丧斯人。尚想遗文在，能窥夙业勤。
论交存古道，嗜饮见天真。绝念传经重，神伤泪湿巾。

前诗意有未尽，并赋四韵

世事有翻复，斯人一死生。文章自声价，意气亦纯诚。
秦望山云秀，圣明湖水清。后来多济济，披豁见精灵。

咏　收　音　机

1970.4.27

声音原自遍虚空，妙制收归一箧中。
作止卷舒皆自在，耳根于此得圆通。

卫　星　吟[②]

北斗藏身只忘图，乘槎银汉亦传讹。

---

① 心叔，任铭善。
② 中国第一课人造卫星于 1970 年 4 月 24 日发射升空。

移来海外三珠树,踏杀人间一马驹。

不道虚谈成实事,何妨异迹有同符。

广寒万里比邻耳,飞渡应无滞半途。

人 造 卫 星

1970.4.30

一丸飞转几周天,风火相持巧力全。

直拟广寒探月窟,别开九道乱星躔。

威声应使魔鬼震,歌唱还同仙乐传。

载入史编□记始,更看第二第三年。

六月廿二日夜暴热,如置身炉鞴中,因念庄生之言,成"大化真炉冶,吾身等铄金"二句。后竟展转不能入睡,迷惘中足成四韵。晓而写之,乃与始意大相径庭。杨朱云岐之中又有岐焉,人之念虑岂不然乎①

大化真炉冶,吾身等铄金。何心思踊跃,绕指化侵寻。

厌〔一〕听象神物,甘师锻柳阴。器成藏自好,切莫效龙吟。

原注:

〔一〕同餍。

---

① 与《卫星吟》在同一页手稿上。

题民歌集二绝①

从来妙语出天然，俚谚童谣自可传。
强作安排学粗浅，瞒人终是野狐禅。

素弦乍拂旧时尘，欲仿新声苦不真。
世事从来积薪似，下风甘拜后来人。

与 茶 村②

1970.7.18

几辈蒙羞恋一毡，输君先识早归田。
劳生难得是安宅，善养还需视后鞭。
室有勃溪愁扰攘，身多疾病苦缠绵。
此中亦有乘除理，识得安心可尽年。

阅《文文山集》，有《辛巳二月遇异人指示大光明正法，于是死生脱然若遗，作五律一首》，因作一绝

1971.1.4

虽云忠义性生成，辛苦燕山万里行。

---

① 与《卫星吟》在同一页手稿上。
② 茶村，陈茶村。

不是至人亲指点,焉知患难即光明[一]。

原注:

〔一〕以首两句云"谁知真患难,忽悟大光明"也。

无　题

1971.1.8

未信斯文便寂廖,古今相续往来潮。
中间一线观消息,书废犹知说舜尧。

无　题

1971.1.15

茫茫宇宙终何届,冉冉光阴又一年。
赖有贤豪持世运,从教衰朽得天全。
江山虽辗登临兴,书册犹留点校缘。
八十四翁仍不足,未需尊酒亦陶然。

漫　兴

1971.1.21

天下兴亡匹夫责,文章得失寸心知。
抱残守缺从吾好,大雅不群争此时。

九十日春花烂漫,八千年寿树支离。

古今修短难同语,轻薄□□苦不思。

杂　诗

1971.1.23

多寡助由得失道,七篇虽废二言行。

纷纷非孟胡为者,水母亡虾少眼睛。

水　仙　花

1971.1.27

金装玉琢美人胎,曾见凌波步袜来。

化向幽斋作清供,光风霁月共徘徊。

续　咏　水　仙

1971.1.28

一丛翠叶苗琼葩,冬日清窗湛露华。

莫怪在山为小草,高清足可配梅花。

因煮饭做菜,戏成一绝

1971.4.7

莫言费却读书功,水火烹煎理合穷。

犹记庞公遗倡好,搬柴运水见神通。

浣溪纱·春寒

1971.4.7

透骨东风出手难,藏身无计掩重关。最难禁受是春寒。
稚眼断迷怜柳弱,古香不返惜梅残。漫天风雨太无端。

看王树人,已能扶杖在室中行走矣。
午饭后回,车中得诗一绝

1971.4.21

理到穷通理始圆,哲人语亦有机权。
应知烙印同污染,不是先天属后天。

热甚,忽思及长春胜利公园冰灯之景,成诗一绝

1971.7.15

冰桥冰巷又冰廊,中有妆成白玉堂。
七月江南一回忆,凛然炎热化清凉。

感时事二律(再订稿)

肘腋何心起异图,兵谋僭志一时俱。
已徼巧取还豪夺,不道强基未著轮。

背汉走胡真鼠辈，操戈入室笑吾徒。

饶夸百战功名盛，青史难逃篡逆书。[①]

谒权干位负尧仁，不及从容待倦勤。

鹰化为鸠终恶眼，火生于木竟禁身。

祸机一发叨天幸，终虑千端骇国纶。

坐见覆车合深戒，更休名器假非人。

俚 诗 一 首

1971.12.11

每出循墙走，人疑老夫笨。实因避车辆，亦复畏儿童。

里弄球场似，街衢乱石重。谁能不经意，况我老衰翁。

答 吴 桐 荪

1971.12.18

同是崆峒路上人，怜君疾苦久缠身。

形容白瘠神仍在，会见虽稀意转亲。

喜奉佳章知自勉，愧无高论答殷勤。

修为不在书盈屋，常葆胸中一点春。

---

① 　似指 1971 年"九一三"事件。

无　题^{〔一〕}

1974.2.21

点铁成金方士术，点金为铁辩者辞。

古今一等愚迷辈，不足欺人只自欺。

原注：

〔一〕近有曲解《论语》者，诬固可笑也。

杨　墨^{〔一〕}

墨真天下好，摩顶不辞劳。杨氏何为者，而乃惜一毛。

一毛诚区区，谁与易滔滔？天下奉一身，不取抑何高。

执两虽非中，性分道各操。人心犹有属，故得相归逃。

功利一以兴，仁义并弃抛。所争势位间，同室易戈矛。

非杨更非墨，侈言过舜尧。学术本既乖，引人堕坑壕。

如何神明域，兽蹄鸟迹交。民彝未终泯，日冀雾霾消。

原注：

〔一〕文革时作，年月不可考矣。

汉　武

1974.12

雄才大略略相当，声教同伦远有光。

126

能用儒生启儒术,孰知汉武胜秦皇?

红 牡 丹

1974.12

百花齐放一花红,国色天香信不同。
偏有令人惆怅处,猗傩无奈殿春风。

梦

1975.2.3

形解神凝骨肉融,一时来去若乘风。
梦中识得神仙趣,恨不长年在梦中。

得诗一首录于此

1975.10.9

家食信非吉,饱经忧患馀。遵时甘遁退,贞疾感暌孤。
得失理相伴,浇淳运自殊。不须齐物论,归本总虚无。

周总理挽词

1976.2.15

疚疾经年忧我民,遽闻薨逝泪盈盈。
死哀方觉生荣重,大略全凭远见真。

一德始终赞辰极,万方遐迩颂忠勤。
史家论赞知无似,今古寥寥见此人。

至 公

1976

瑜不掩瑕终美玉,功能盖过是豪雄。
一时毁誉难凭准,青史他年有至公。

空同一绝答人问

1977.1.3

陡绝空同天与平,不须辛苦问途程。
但能深识空同义,许向空同顶上行。

紫茉莉花下作

1977.1.4

紫茉莉香开渐多,鼻根领处得清和。
人生享受原时有,只惟忙中每错过。

史 家

1977.8.11

儒林文苑两荒芜,兵食纷纷动万夫。

从此史家文采绝,但书相斫即成书。

偶成一绝,题于《庄子》后

1978.5.23

道在全生与尽年[一],相忘物论总蹄筌。
千周万变参同契,不抵消摇文七篇。

原注:

〔一〕生谓性也。

亚明同志职复南京大学校长,走笔相贺一律

1978.5.24

闻君重复长南雍,道诎还伸一纪中。
浩气胸中应未减,大名眼下更谁同。
尚留教泽东三省,忝数知交九一翁。
却愧病来腰脚废,未能走贺语从容[一]。

原注:

〔一〕写成,卒未寄去。

阅《传灯录》偶成一绝

1978.5.30

怖头狂走实稀奇,境不迷人人自迷。

更有斩头求活者，从他佛祖只攒眉。

题无弦琴一绝

1978.5.31

无弦堂上一张琴，五柳先生传至今。
睡起吟馀聊拨弄，泠泠入耳太初音。

睡乡吟一绝

1978.6.9

避世人间号两乡，醉乡不及睡乡长。
惺惺一枕南窗卧，不假糟邱坐自荒。

东西南北偈

1978.6.16

行脚投机总葛藤，劳劳北秀到南能。
饶君问遍西来意，得见东家丘也曾。

读"平常心是道"句，成一绝

1978.6.22

擎拳坚拂号玄机，棒喝纷纷久是非。
竟道平常心是道，弄兹狡猾亦奚为。

藏修息游铭并序[①]

《学记》曰："君子之于学也：藏焉，修焉，息焉，游焉。"学之始终本末，盖尽于此四言矣。惜郑氏以来各家之注，未能得其义也。因为之铭。

兰生深谷，岂为人芳。玄豹隐雾，乃成文章。
入学辨志，首曰能藏。夸炫浅露，其器可量。（藏）

玉质虽美，有赖雕锼。木直中轮，道在矫輮。
何智可愚，亦勤厥修。性有萑苇，惰农之喻。（修）

绵蛮黄鸟，知止丘侧。鹏飞六月，亦戢其翼。
安宅弗居，终失物则。天机深深，君子是息。（息）

津人操舟，庖丁解牛。理随事显，力与巧谋。
灵台不桎，何物可留。大成通达，众艺以游。（游）

[①] 录自《㓜斋先生遗诗选辑》，诗列于《读"平常心是道"句，成一绝》后，是最后一首。

诗 辑 二

柚　　树

中庭有柚树，结实如椀大。今年逢有年，一枝辄数个。
累累欲不胜，竹木相支架。儿童顾之喜，我窃忧其过。
果然风雨来，本拨地上卧。从来物太盛，可吊未可贺。
族强众所排，体肥人则瘅。震矜九国叛，齐霸因以挫。
黄池争主盟，先告吴宫破。小大理一同，此岂待占课。
未用为树怜，我歌待邻和。

无　　题①

药石交情重，兵戈别恨多。匪辰豺在邑，因病雉罹罗。
空有青林梦，难为东海波。惊雷闻噩耗，争禁泪滂沱。

屈指师门彦，堂堂今子张。工夫就平实，文字有光芒。
君子原无死，传经实可伤。盆兰与椀茗，从此不能芳。

八载口挂壁，一朝棺附身。庞婆留后死，左女托何人。
乞米犹存帖，藏书欲化尘。及门多美士，应有报师恩。

---

① 信笺上有"中华民国年月日"字样。

135

桐　花

种桃种樱皆未活，虚负好春又春末。
忽惊两桐满着花，烂熳花光照眼豁。
两桐拥肿丑枝干，几回仆欲薪供爨。
为怜散木强留之，何意今朝成赏玩。
得时是物皆可宝，图王不成霸亦好。
笑倾一盏酹桐花，与尔空山相伴老。

无　题

樵客高僧两断蓬，偶同烟榜泛秋风。
栖贤雪夜匆匆别，岂意相逢在剡中。

董九悼亡，诗以解之

爱断何言苦别离，梦中夜旦一声鸡。
花开九品缘方熟，石认三生境不迷。
衣箧久空无相施，诗奁偶贮旧时题。
相酬未用营斋奠，注想朝朝但向西。

夜 雹 损 豆

山中老蟆真作恶，夜嘘雹挟狂风落。
破窗打户骇不眠，瓦面如闻万弹跃。
辛勤种得半亩豆，心望佐飧俟小获。
一春已苦雨失调，差喜花开逢此虐。
书生何干妖物怒，兵气阴阳有蚀薄。
哭茶哭麦多少家，索弃冻其饱饿雀。

一 廛

一廛敢比硕人薖，占尽溪山亦自多。
天厌耽书同废疾，吾哀简礼任讥呵。
知时蟋蟀初收响，得雨芜菁渐放科。
差喜御冬齑菜足，未须弹铗为鱼歌。

待 雪①

寒山相对耸双肩，短庑孤吟坐一毡。
避地心情惟自暖，入冬风物总堪怜。
凝阴为想玄黄战，先集行看霰雨悬。
未用寻梅发幽兴，但祈遍野兆丰年。

---

① 诗后有"切斋初稿"四字。

颇闻山谷有饥氓，将获秋禾出害螟。

可奈军兴急徵敛，那遑沟瘠念生灵。

连朝乍喜天如墨，一雪当令麦放青。

梦想明年炊饼贱，夜来几度拥衾听。

傅钝安浙游诗稿为刘约真题

西湖东湖兽食人，鬼车江上大如轮。

旧游隔世何堪说，一诵遗诗一断魂。

天　网

八月二日作

天网顿八紘，王者本无外。客村尚见收，何况县宇内。

奈何见不广，私智只自隘。奔走天下士，唯恐异向背。

高官与要职，一一畀所爱。羽党纷四出，下逮邑丞倅。

当其鼎盛时，颐指岂不快。一朝事势改，转为他人吠。

荆棘自树之，坐使国事坏。贤豪望山泽，引去鸣其介。

黠者为张吴〔一〕，事房弄狡狯。异同一以立，怀抱生疆界。

雀鱼归丛渊，鹯獭亦何赖。惟君子有朋，斯语意有在。

不祥成口实，代兴知几辈。前覆后不惩，旁观为叹喟。

不闻大道行，贤能选其最。百司各称职，胥视才小大。

如海汇百川，岂复问流派。皇皇先觉训，宁作虚文会。

侨也惧櫇崩，吾亦忧舟败。摅愤为此诗，敢以当箴戒。

原注：

〔一〕张元、吴昊。

程生希圣既卒业（将赴贵州湄潭），为人师有日矣，赠之以诗

此道有毒药，误服能杀人。欲识毒不毒，当辨亲非亲。
云何谓之亲，如衣着在身。都忘衣与我，偃仰从屈伸。
云何为非亲，如饥说八珍。徒然快唇吻，无救肠转轮。
亲则契鸢鱼，不亲滋荆榛。世儒见颠倒，骛外疲心神。
等身夸著述，不足供柴薪。万分有一得，亦泰山微尘。
何如返己求，德业日以新。原泉放四海，沾溉终无垠。
至哉孔圣教，三字不违仁。回也称好学，所造良有真。
少年忽已逝，花落难再春。珍重为子诵，子其书诸绅。

无　题

古人重名实，断断只字间。岂其好多事，出入治所关。
苟且中人心，百事畏繁难。流波及文字，方块遭射弹。
取音不取形，形义并从删。猎猎不复辨（下缺）。

布　袍

上膳时闻损大庖，宵衣军旅正忧劳。
腐儒自觉奢逾分，三百金成一布袍。

此 道

此道从来无古今，眼前万象正森森。
辩穷白马终挢舌，学到黄龙只死心。
行脚东西怜浪走，埋头糟魄笑书淫。
翻然变计宁当缓，日见霜毛两鬓侵。

皋 比

皋比讵必青毡贵，巨胜其如白发何。
钱贱空多穷算计，书荒且与强张罗。
愁闻米价连朝长，懒对尘编积案多。
一事差堪夸肉食，却从淡泊得天和。

担 煤 儿

担煤谁家黑瘠儿，十六矮如十岁时。
将身填口能几日，可怜富人那得知。

雪后晨起隔江望湘湖诸山如在户牖

湘湖上下好峰峦，常恨模糊隔岸看。
一夜滕君驱使近，银屏十二射窗寒。

诗 辑 二

不 寐 怀 人①

衾暖知霜重,溪喧觉水来。不眠心炯炯,到晓月皑皑。
衰病宁忘世,艰危更念才。平生二三子,飘泊令人哀。

《论语》诗四首

卓尔如标百尺竿,只于进处转身难。
善言德行颜夫子,绣出鸳鸯后世看。_{卓尔}
割鸡焉用牛刀功,塞耳弦歌一邑中。
赢得圣师为莞尔,犹胜泙漫学屠龙。_{莞尔}
兵农到手有安排,局促家臣久负才。
忍俊不禁聊一吐,虽云率尔亦雄哉。_{本尔}
希音绝调鼓来新,铿尔一声天地春。
风咏不同三子传,眼中那复有馀人。_{铿尔}

杜 鹃②

杜鹃花发浅深红,点缀春山更不穷。
好是日斜溪上影,珊瑚交乱碧流中。

---

①② 诗写在"兴福寺用笺"上,笺底部印有"杭州上泗乡滕村"。

141

答　人^①

老去捐书只爱眠，已甘群辈著鞭先。
及时扫荡妖氛了，容我溪山作散仙。

盐　价

陡增至斤三十元。
11 月 6 日

盐廛自是先生分，不道盐廛食也难。
军国用繁非得已，敢将增价怨盐官？

喜　雨

雨来殊不测，万稼尽昭苏。感此天功大，因之人意舒。
小园停抱瓮，高岸罢翻车。米价朝来减，吾其免饿夫。

苦　雨

多时盼到黄梅了，却又黄梅倒转还。
溪涨乍过龙角雨，云来忽失马头山。

---

① 诗写在"兴福寺用笺"上，笺后印有"杭州上泗乡滕村"。

水和泥洗常愁浣,书带黴翻直懒看。

差喜晚晴松色好,时容一杖与盘桓。

廿三日夜雨甚大,盖至是阴雨几半月矣

已嫌秋雨多,今夕益滂沱。稽事应难问,天心竟若何。

师行劳供亿,盗起费讥呵。且莫论灾眚,那容更啸歌。

雨　后

一雨青青麦弄光,云英紫间菜花黄。

分明一幅天然锦,更藉溪流剪作方。

望　晴

十日骑春雨,千家苦战声。吾宁辞异土,所惧废初耕。

书卷味无尽,溪山画不成。何心复观赏,注目盼晴明。

放　燕

宵来一雨动山村,破屋寒贪故被温。

出食怜他双燕子,不辞早起为开门。

143

题石澳硔。硔,宋天圣中徐叟所凿,以通水溉田,至今赖之

人间信有北山愚,凿石通渠计亦劬。

书阙无由识名字,我来犹得见规模。

尺灯终古藏神鲋,南亩千年歇渴乌。

若论此功应社祀,周灵钱烈共枌榆^{〔一〕}。

原注:

〔一〕乡有周宣灵、钱英烈庙。周孝子、钱兄弟捍卫乡里,有功于宋人。

横 灯 蛾

绕烛盘灯知几巡,忽然着火便亡身。

只言此是光明路,岂识光明会赚人。

有 感

政失纲维教失师,人心莫御日纷驰。

车书自坏同文盛,诗礼翻为发冢资。^①

蒿目几人忧欲瘥,焦头此日救宁迟。

剧怜旋转乾坤手,枉自谆谆苦费辞。

---

① 此联亦见于《偶感》(始祸何心只诡随)一首。

许 村 宴 归

初月濛濛山影斜，笋舆摇兀眼生花。
石楼过去神仙堰，一路溪声送到家。

夜 读

老眼生花字作双，夜深相对一铜缸。
也知此去无多得，且当吾心系马桩。

读《伊川击壤集》率题两绝于后

凭将雪月风花意，写出皇王帝霸心。
谩道先生诗易学，炼辞炼意用功深。

氤氲一气本先天，指点丁宁亥子间。
万遍千周勤挺索，莫教空手宝山还。

口 占

廛居日日坐风霾，闭户浑忘春到来。
忽讶邻家人语闹，辛夷半谢海棠开。

学　校

此东人之言也，缀而为诗，代中其意云尔。

农家苦地少，学校苦地多。学校大似城，周行半日过。
讲堂须壮观，高楼耸檐牙。散处或七八，往来疲奔波。
中间何所有，花木交骈罗。修治力不给，荒芜长青莎。
平屋老师宅，节约应条科。十五各成村，小迳通逶迤。
一宅三两间，分处鸠占窠。小儿最得意，绕屋如穿梭。
出校路已远，适市当如何。岂不有隙地，种植蔬与茄〔一〕。
既不如老圃，瘠死委蒿莪。尤愁夏秋来，暴雨时滂沱。
相呼泥滑滑，行不得哥哥。愚浅诚不知，占地多则那。
弃田为园囿，昔贤所讥诃。学校事虽异，亦应念田禾。
胡不就山林，利用陂与陀。不然并作楼，尽与天相摩。
营构纵稍费，久计未为差。勿云吾地广，地广生产加。
民食之所赖，一亩可一车。一校省百亩，知养几多家。
而况宅校接，便人人亦和。何必方数里，乃足供弦歌。
成事不复说，愿为来者哦。

原注：

〔一〕谓番茄也。

自　警

由来民食出农稼，患在不均非在寡。

豪家一日食万钱，田间乃有长饥者。

哲人经世理道新，稼穑艰难困万民。

称物平施有衰益，要令四海无饥贫。

分餐授食各计口，一饱不愁人乐守。

因知俭啬富强基，美食丰衣在其后。

老饕仍有肉食徒，酒楼饭馆群争趋。

但求快啖口腹尽，不惜长时候座隅。

平生侃侃说书史，厚于自奉素所耻。

先忧后乐范希文，断粥断齑亦甘旨。

孟轲有语发人思，饮食之人人贱之。

短吟且用自警策，敢待他人作刺诗。

感 事 六 首

井李味自苦，蛴螬食之甘。泥涂岂安居，暂舍鲭弗堪。

物固有所陷，人亦有所耽。当其业力扇，孰止嗔与贪。

哓音徒尔为，百不救二三。

老戒为祸始，佛说勿造因。夸夫智自雄，岂识斯理亲。

劫制役群众，意谓令我遵。一发收未能，殃首中己身。

噬脐悔莫及，喋喋更谁陈。

人心险山川，由来难可测。血气况未定，转瞬易白黑。

哲人说心理，告汝广多识。奈何汝有辞，暴弃益狂惑。

诿曰性固然，姿肆不自克。几微拂汝意，反眼乃作慝。

学有假寇兵，念此为心恻。

147

君子耻固位，进退礼是稽。拥戴有不受，何言人排挤。
得失中人心，品骘自昂低。腾文纷四出，张大以为题。
只益识者笑，所见真虫鸡。

荣辱虽异门，相隔一指近。世情亦何常，毁誉随喜愠。
平生黄老师，得力远名闻。掊击与尸祝，差喜两无分。

度己则以绳，接人当用棰。张驰各有宜，宽猛在互济。
要时务近功，坏堕坐违戾。矫枉岂不然，过正恐滋敝。
圣人有常道，所贵得中制。积重返则难，改弦宜早计。

地　　锦

地锦上墙如壁衣，我常爱此满墙绿。
不知何方来恶虫，赤头短躯肥胜蠋。
赋性偏得贪与饕，弄吻张牙肆其毒。
北墙饱食又南墙，真成得陇复望蜀。
可怜翠叶一朝尽，空馀短梗森簇簇。
先时几度以水攻，亦遣长竿猛力扑。
其如族众不胜诛，坐视凶横手如束。
厉气所乘焰莫当，恶贯将盈势还蹙。
化蛾飞去能几辈，半作僵蚕死相属。
回看老干苗新芽，生意依然益以足。
楚昭未害云中盗，句践能堪会稽辱。
从知一战论强弱，未若相持计延促。
物情人事并如斯，徐步墙阴睨朝旭。

白沙先生忍字赞①

七情之发，惟怒为遽。众逆之加，惟忍为是。
绝情实难，处逆非易。当怒火炎，以忍水制。
忍之又忍，愈忍愈励。过一百忍，为张公艺。
不乱大谋，其乃有济。如其不忍，倾败立至。

困难归自己，学击壤体

困难归自己，方便让他人。每诵此言好，如逢大地春。
百花齐放日，万象一新辰。尧舜知非远，烝民日以亲。

病中口占之一

十一月九日

信知病不到灵台，文思诗情逐逐来。
僵卧未能留一字，如空华落又空开。

咏　史　二　首

乡校亦何罪，然明欲毁之。勿谓然明狂，物议亦可思。
挑达戏城阙，薄俗非一时。行己不自检，而议执政为。

---

① 此诗写在"复性书院"信笺上。

青衿本法服，自视同虎皮。纷纷成一阕，身国终何裨。
伤人实惧多，蔼然情见辞。惟侨能汝容，侨也真汝师。

三舍法不修，多士徒廪粟。硕鼠讥贪官，己亦堕鼠属。
谲哉贾太师，收作鹰犬畜。上书颂功德，腼颜不知辱。
学表贼民兴，悬知宋社屋。

十 二 辰 诗

古有是体，戏效为之。

昼伏夜动真鼠子，牛鼻居然望牛耳。
虎视眈眈空尔为，兔狡卒死千夫指。
神龙天罚偶泥蟠，内蛇外蛇斗未阑。
涣亨用极马壮吉，羸角悔亡羊决藩。
上场猴戏衣冠丑，山鸡能拟凤皇否。
随人鹰犬饥可怜，兵来旦夕骑猪走。

偶 感

题《庄子》。

枣园纂纂漆园灾，小智蓬心实可哀。
人籁胜时天籁绝，错将单豹认王骀。

社　会

以新辞入旧诗，此俗嗤谓旧瓶装新酒者也。通人不为，
然其意自不可废，不得竟以俳体视之，因存以视同好。

社会新型换旧型，无情历史更无停。
藏身那有象牙塔，埋头好为螺丝钉。
几辈时髦成落后，有人发白更年青。
平流稳度无偏向，看取中天五角星。

偶　成

老聃自道顽鄙，仲尼愿从野人。
我学工农此旨，何言士大夫身。

晓起层冰满窗，观其由厚而薄，由整而散，变化万端，可云奇绝，写赋二十八字，不足尽其秀

厚成云锦薄成纱，朝日冰窗变化赊。
渐解渐消更奇绝，珊瑚玉树共欹斜。

咏　蝉

庭树绿阴肥，新声出板扉。高枝迎月镜，浅草蜕云衣。
志洁惟餐露，身轻不食薇。洋洋歌泌水，吾与尔同归。

明妃曲和王介甫作

胡人以鞍马为家、射猎为俗。

泉甘草美无常处，鸟惊兽骇争驱逐。

谁将汉女嫁胡儿，风沙无情貌如玉。

身行不遇中国人，马上自作思归曲。

推手为琵却手琶，胡人共听亦咨嗟。

玉颜流落死天涯，琵琶却传来汉家。

汉宫争按新声谱，遗恨已深声更苦。

纤纤女手坐洞房，学得琵琶不下堂。

不识黄云出塞路，岂知此声能断肠。

再和明妃曲

汉宫有佳人，天子初未识。

一朝随汉使，远嫁单于国。

绝色天下无，一失难再得。

虽能杀画工，于事竟何益。

耳目所及尚如此，万里安能制夷狄。

汉计诚已拙，女色难自夸。

明妃去时泪，洒向枝上花。

狂风日暮起，漂泊落谁家。

红颜胜人多薄命，莫怨春风当自嗟。

虔倡苏诗娱乳孙,余谓坡公有知当大笑,胜善才师摩顶也

贫家书味到孙枝,惯听坡公绝妙词。

真有性情皆佛语,不同止庐怖儿啼。

仲文有诗来,因以酬之

积雨苦阴晦,对卷昏若醒。翩然枉佳作,翳眼恍暂明。

诗书古糟粕,众口久所抨。横流明抵障,一掌良非轻。

平生湖海怀,岂为蛮触争。当仁义不屈,胜险道在闳。

顾予学无得,扼腕徒踁踁。誉集责亦至,念之惭惧并。

尝闻朋友交,相勉冀有成。我当竭棉薄,君亦益恢宏。

山水有遐想,深忧损豪情。暂往毋沈溺,君听苍蝇声。

断　句①

一机出入程生马,合沓山如困白登。

山形争出小加大,云势乱如纵散横。

毕竟湘南天气别,仲春绿树已鸣蝉。

----

① 诗句写在一张纸上,不成篇章,按上下、左右排列成句。

贫有富名书是累,病和老会药无功。

时有香来不见花,老天双篷鬈怀哉。

空有三尺喙,初无一亩宫。

蚓操怜巨擘,羶行愧重瞳。

画谩难为巧,投钩岂曰公。

试看新妇智,何似阿翁聋。

附录:

忆钟钟山先生

(胡守仁)

知也无涯生有涯,四书精义解人颐。
当时理学称山斗,不识词章亦大师。

论　　说

读蔡孑民在北京高等女师范学校演讲国文之将来①

文言与白话之争久矣！愚未尝置一辞，然心终不能无疑也。昨读蔡孑民在北京高等女师范演讲笔记，益觉柊触于心。因举其未释然者数端，以质世之留心滋事者。

今之主张白话者，必举欧州各国改拉丁文与日本之不用汉文为例，蔡氏之论亦以此为中坚。然试问中国文与白话之相差，与英法之于拉丁、日之于汉文悬绝若彼其甚乎！夫拉丁文之与英法文、汉文之与日本文，非徒其文不同也，而字亦不同也。吾未见今之白话其所用之字异于所谓文言者也，特改"之"为"的"、改"如何"为"甚么"而已，若谓仅此改"之"为"的"、改"如何"为"甚么"者，便足尽白话之能事，而有过于文，吾实未见其过者何在也！谓其简而便于写耶？则"之"固简于"的"，"如何"固简于"甚么"。然则于义无所取，而于事又未见其便，若

① 1919年11月，蔡元培在北京高等女子师范学校发表"国文之将来"的演说，并发表于《新教育杂志》1919年第2期，在这篇演说词中，蔡元培激烈反对文言文，而主张白话文。钟泰先生此文直接针对蔡元培而发。此文根据钟泰先生在江苏公立法政专门学校任职时所撰写的手稿整理，该手稿用毛笔书写在印有"江苏公立法政专门学校编纂用纸"字样的稿纸上，文中有多处修改。

必欲效英法之于拉丁、日本之于汉文,即何不尽废六书而改用注音字母欤?姑无论注音字母今日未能尽行,果令尽行而谓从此字可不用,亦势理之所无,况于日本至今犹不废汉字可知也。且注音字母者——注字之音者,字尚废矣,注音字母又何所附丽?是则中国将终于无文字而已!蔡氏谓"留学外国的人写给本国的信都用外国文,觉得好笑"。然今犹知外国文之非中国文,若数十年之后,吾恐其所谓外国文者非外国文而今日之中国文也,抑不知蔡氏之知笑之否也?

又举宋儒语录为例,然宋儒语录乃门弟子所记,犹今之笔录然,岂宋儒亦如今之学士博士必以白话为文者耶!宋儒之文,如濂溪之《通书》、横渠之《订顽》,皆辞理兼美,文家所不能到也。今独举宋儒语录,而于此等文字绝不之及,何哉?且即以语录论,何尝无文,何尝必避不用如今之白话者也?之乎者也,至引禅家语录尤属不伦,所谓"干屎橛"、"麻三斤"者,将必效此而后为善耶?

又谓文有应用、美术之别,美术文可以用文,而应用文必用白话。吾不知此种分别果有崭然之界限否也?今且不必言文而以事徵之,宫室所以蔽风雨,衣服所以御寒暑,皆绝乎应用者也。然宫室必有雕镂采绘,衣服必有黼黻文章,吾未见之人必卑宫室、恶衣服如大禹之所为。至于文则不然,曰吾求其应用而已,虽粗俗浅陋足以骇怪人,无伤也。夫宫室衣服,身外之物也,出辞为文之物,惟恐其不美。于切身之事,而惟恐其美,抑何其轻重之倒置也?《易·系辞》曰"修辞立其诚",修辞,美术之事,今之修辞学是也;立诚,应用之事,今之论理学是也。天下固未有诚不立而修辞者,然亦未有辞不修而诚立者也。若必谓应用之文无取于美,则论理修辞之科可废矣!且诗固其所谓美术之文也,吾见今之所谓白话诗者矣,若雀在树上吱吱叫,劈克立克来江边者,其美何在?蔡氏引康节《击壤集》谓古人亦作白话诗。《击壤集》果如是鄙俗无文乎?至谓太史公《史记》唐虞时事改"钦"字作"敬"字、改"克"字作"能"字为改古从时,不知汉时书籍皆由口授,凡义同之字皆可相通,故一事而见于数书者往往字有更易,如《列子》之书此类多有,而古今文《尚书》其尤显焉,若必言史公之改为有意,吾辈今日犹时用"钦"字、"克"字,岂亦改今从古者耶?

又谓"白话是用今人的话来传达今人的意思,是直接的;文言是用古人的话来传达今人的意思,是间接的。间接的传达,写的人与读的人都要费一番审绎的工夫",又谓"文言比白话有一种长处,就是简短,可以省写读的时间,但是脑子里审绎的时间可以不算么",此审绎二字吾不知其何解,以意揣之,似谓作文者先有白话之意,然后就白话译之为文。使此解而不误也,吾以为此种审绎工夫,或本作文而改作白话者须之,若犹是作文也,未见其然也。若其然也,则必惯作白话而艰于作文者有之,本作文者必不如是也。若此审绎二字解不如此,乃指立意布局而言,吾未见作文要立意布局而作白话即不要立意布局也。又不特作白话要立意布局也,即说话亦要立意布局也,必嫌立意布局为多事为费时,亦惟有并话不说而已。若然,则蔡氏此日之演讲不惜多事、不惜费时也何哉?

又谓"靠文言来统一中国,那些大多数不通文言的人岂不屏斥在统一以外么",近人每言文言为贵族之遗物不适用于平民,蔡氏此言犹是此意。不知文言现在未尝禁人学习,何言贵族平民?然如蔡氏之言师范学校、高等师范学校皆当用白话,而文则作为随意科只少数人学之,且以写八分、写小篆作譬,则分贵族与平民,且使平民不得学贵族之文者,惟诸公实倡之耳。又用文言,惧不通文言的人屏斥在统一之外,今用白话,则不通文言之人即不惜其屏斥在统一之外邪?

总之,文言之弊今日已无可讳,然其弊亦自有故。吾以为文字不厘正,一也;骈偶芜杂,二也;日本文法之搀入,三也;教授未得法,四也。而科学不明、思想不得其整理排比之道,尤其致病之根本。若此数者而有以改救之,但求其平易浅显,虽文亦何伤之!有若此数者而无以改救之,虽尽费文而为白话无益也,岂特无益而已,且将有三害。

何谓三害？从此古书可以不读，且亦不能读，而中国之精神命脉亡，此一害也；书既不读，则志趣日进于卑下，舍衣食无他求，而人之彝理亡，此二害也；一时学术既中断，虽后世之人欲考前此之文物者无所循溯，此三害也。呜呼！不幸而三害并至，吾及白话偕亡而已，又何言！又何言！

新思潮与旧伦理[①]

自所谓新思想出，首遭其掊击者厥为旧伦理，而鼓吹新思潮者，既欲举旧伦理而一切颠覆之；于是，以拥护旧伦理自任之士大夫视新思潮如洪水猛兽，掩耳若不欲闻。愚以为皆非平心之见也，真新思潮实不与旧伦理相资，而真旧伦理亦未与新思潮相违。其往复哓哓争持不已者，乃新思潮与旧伦理之假者耳。何以言之？旧伦理者，所以求人生之正义者也；新思潮者，亦所以求人生之正义者也。使人生之正义有二乎，则旧伦理与新思潮可以不同，然正义而有二，则其皆非正义可知也。使正义而无有二乎，则新思潮与旧伦理即不容有别，若其有别，则假而非真可知也。然则人生之正义何若？曰相成而非相贼也，圣人人伦之至也。孔子曰"父父子子"，又曰"为人父止于慈，为人子止于孝"，未尝专责子之孝，亦未尝专责父之慈。盖父有父之道，父尽其父之道而已，子之孝不孝非所问也；子有子之道，子尽其子之道而已，父之慈不慈非所问也。父不尽其父之道，而责子之孝，是为出位，出位

① 此文根据钟泰先生在江苏公立法政专门学校任职时所撰写的手稿整理，该手稿用毛笔书写在印有"江苏公立法政专门学校编纂用纸"字样的稿纸上，文中有多处修改。书写日期 1914—1923 年间。

则父不父;子不尽其子之道,而望父之慈,是亦为出位,出位则子不子。故以瞽瞍之顽而舜夔夔齐栗,舜见之不孝而不见父之不慈也。公孙丑问于孟子曰:"君子之不教子,何也?"孟子曰:"父子之间不责善,责善则离,离则不祥莫大焉。"孟子惧己之不慈,而不惧子之不孝也。虽然,何以能见己之不孝,而不见父之不慈,则推其心于父,而心乎父之心也,心乎父之心而己,不孝之罪无所逃矣!故孔子曰:"所求乎子以事父,未能也。"何以惧己之不慈,而不惧子之不孝,则推其心于子,而心乎子之心也,心乎子之心而己,不慈之过宁能免乎!故孔子亦曰:"知为人子,然后可以为人父。"一言蔽之,因舍己从人而已。故人生之义在相成,而其道在舍己,推之夫妇、君臣、兄弟、朋友,何莫不然。自汉以来,父不自责而责子,于是曰"天下无不是底父母"。"天下无不是底父母",此子之言也。子之言而父言之,而子之道苦矣!夫不自责而责妇,于是曰"饿死事小,失节事大"。"饿死事小,失节事大",此妇之言也。妇之言而夫言之,而妇之道苦矣!君不自责而责臣,于是曰"臣罪当诛,天王圣明"。"臣罪当诛,天王圣明",此臣之言也,臣之言而君言之,而臣之道苦矣!是故数千年来,知有孝子而不知有慈父,知有节妇而不知有义夫,知有忠臣而不知有仁君,久矣!伦理之不明,非一朝一夕之故也。而今之假新思潮者,乃一反其道而行之,曰"养子女者父母之义,而子女之于父母不及也",甚者明为非孝之文矣,曰"解放妇女者,男子之觉悟,而妇之于夫无一言也"。甚者创为复雠之论矣。至若君臣之义尤所戒言,以犯上作乱为进取,以安分守法为无能,于人之失则尽力讥弹,而己之过则百端回护。是故汉以来之假旧伦理有子道、妇道、臣道,而无父道、夫道、君道。今之假新思潮有父道、夫道、君道,而无子道、妇道、臣道:其失正义一也。《大学》曰"所恶于上,毋以使下",然不又曰"所恶于下,毋以事上"乎;曰"所恶于前,毋以行后",然不又曰"所恶后,毋以从前"乎;曰"此恶于右,毋以交于左",然不又曰"所恶于左,毋以交于右"乎。吾辈之所望于新思潮者,为其能剂不平以致于平也,为其能改不善以至于善也。今一不平去而一不平又起,一不善去而一不善复见,又何取其纷纷扰扰,徒乱天下人耳目为也哉!呜呼!旧伦理知新思潮之非也,而不知假旧伦理之非甚于新思潮百倍也;新思潮知旧伦理之非也,而不知假新思潮之非甚于旧伦理千倍万倍而未已也。旧伦理惟不知其假之非,而新思潮亦不知其假之非,吾见其生而旋归于灭而已矣!呜呼!吾安得真知新思潮者而与之言哉!

学　蔽[①]

　　近数年来,学者颇好持议论、争异同,以为是论学之道然也。夫田唯患其不耕,耕者嘉穀生焉;矿唯患其不治,治则精金出焉;学唯患其不讲,讲则至理显焉。今学者遍天下,而言学之书至汗牛马不胜载。然而理日以晦,而学日以芜者,则何也。余尝熟察而深考之,窃谓今之学者有三蔽焉。是三蔽者不除,而望学之昌、理之明,犹欲车之南行而北其辙也。夫三蔽者何也?曰:急于自见也,不肯向下焉,贪于自便焉。

　　奚以言夫急于自见焉?昔者伊川作《易传》成,门人请传,伊川曰更俟某学有所进,古人言非四十后不著书,非自秘惜也。诚以立言教人,稍有讹舛,便贻误来者,故不敢不慎也。孟子曰:"贤者以其昭昭,使人昭昭,今以其昏昏,使人昭昭。"夫天下岂有己不自喻,而能以喻人者哉。今之学者,于学非有极深研几之功也,但窥其大略,辄附以己意,发为文章,以传于世。曰是某家之学也,从而张大之,尊崇之,而实则某家之学初未必若是。亦有一书之出,行世未久,而其误渐白,持论

　　①　本文原刊于上海商务印书馆 1924 年《学艺杂志》第六卷第二号。

又变，然又耻其前后之自相矛盾也，乃托于今日之我不惜与昨日之我宣战之言，藉以自掩。夫今日之我不惜与昨日之我宣战云者，此谓学者进德之阶，未可护其前失。但平居修学，用自策励则可耳，若乃成一家之言，以示与天下，善者人受其意，不善则人被其惑，譬之医者用药，要当于病有利，若不复揆，投以误剂，待其病剧，然后更调，此岂得为良医乎哉！夫此岂今之学者所不知也？而知之而故犯之，则以汲汲于一时之名，势有所不暇顾也。且内与外不能相兼也，名与实不能并存也。为人者多，则自为者少，所取于名者重，则所取于实者轻。故得是而可夸炫于人也，虽非其学之所急，不得不致力焉；得是而不必可夸炫于人也，虽其学之所急，不得不割爱焉。日惟揣摩风气是事，而无复慎思明辨、有笃信好学之心，于是卤莽灭裂，向之之贼人者，终亦以之自贼。吾尝见某君之著述矣，其所称引，旁及欧美各名家之言，蟹行蚓曲之文，读之目眩。实则某君未习英文，更何论乎德、法，则半掇自东籍杂志之类。故每草一篇，案头獭祭之书，积高数尺。苦心殚力，日昃不休。夫使某君以此其功，用之于真实之学问，其成就较之今日，所过宁止数倍。则甚矣急于自见之为害深且大也。顾或乃为之解曰：室之成也，非一木之材也，学之明也，非一人之任也。人固各有所见，各举其所见，以明揭橥于天下，虽成诡异不中，然得贤者汇而参之，折衷而用之，则固学之所出也，不犹愈于闭户埋头，抱其破碎不全之一得，奄然以殁世者哉。是说也，似无以难，然实按之，则所谓知其一不知其二者也。夫求大木者，不于数泽。何则？数泽之才，不能产枞梓也。求力士者，不于尫羸。何则？尫羸之夫，不足为乌获也。今欲使通于学术之支流，以备后学之采择，不知将有待于深思积学之士欤，抑道听途说以稗贩为事者所能胜也？如无待于深思积学之士也，则何必今之人。昔之咕哗章句之鄙儒，宜可优为之。若尚有待于深思积学之士也，则由今之道，无变今之俗，吾未见其有成也。庄子曰："水之积也不厚，则负大舟也无力；风之积也不厚，则其负大翼也无力。"夫有扶摇九万里之积，而后可为南溟之游。学者其亦积之而可耳，奚至腾跃而起，而卒控于地，以为大智者之所笑也。

奚以言夫不肯相下也。夫学非辨不明也，辨非争不决也。虽然，争亦有辨，有是非之争焉，有胜负之争焉。是非之争在理，胜负之争在己。邹衍曰："辨者，别殊类使不相害，序异端使不相乱。抒意通指，明其所谓，使人与知焉，不务相迷也。故胜者不失其所守，不胜者得其所求。"此谓是非之争也。庄子曰："知也者争之器也。"荀子曰："有争气者勿与辨也。"此为胜负之争也。君子心无为己之私，而在志、在明理之大。故有是非之争，而无胜负之见。故曰："非我而当者，吾师也；是我而当者，吾友也。"诸葛武侯《与群下教》，谓"违覆而得中，犹弃敝𫐄而获珠玉"，而致慨于人心之不能尽。曹子建亦自道好人讥弹其文，有不善者，应时改定。古人之虚以受人如此，故能知益明而德益起也。今之学者则不然，其建一议，持一论，视同科律，不容侵犯，有指斥其失者，始则斷斷争之以言，继则申申出之以詈。若乃恶声必反，势成相持。则笔墨周旋，或且累月穷年不已。凡若此者何也，知有己之胜负，而不知有理之是非也。唯知有己之胜负，而不知有理之是非，故一以伸己为能，而转视求理为后。故说之出于人者，其理虽是也，不甘服焉；岂唯不甘服也，必且掊击之。说之出于己者，其理虽非也，不自承焉；岂惟不自承也，必且回护之。昔武三思有言曰："吾不知天下何者为善人，何者为恶人。但顺我者则善，违我者则恶耳。"今之学者之用心，何以异是。且是非有定也，胜负无定也。有定，故其争也有明时；无定，故其争也无决期。争也犹有明时，则虽费时日疲精神而为之，未为失也；争也而无决期，则若何以难得之时日，有限之精神，而为是无益有损之举也。韩非谓郑人有相与争年者，其一人曰我与黄帝之兄同年，讼此而不决，以后息者为胜耳。向读此言，未尝不为之失笑。夫使今之学者，其智无以异于郑人也，则吾复何责焉。使其犹有异于郑人也，吾不得不望其改之也。

奚以言夫贪于自便也。夫人情莫不好高远,而亦莫不乐简易。其好高远也,是其欲名也,其乐简易也,是其欲逸也。今事有简易之逸而可得高远之名,则天下之事,必将群起而争趋之。夫今日业官者之多,此世所诟病者也。顾其所以多业官者何也,则以其名也尊,其事也易,可以不学而能,不劳而为也。吾不敢谓今之学者,其心犹是业官者之心也。然其迹,则吾不能无疑焉。他姑不具论,即以文字一端言之。今之学文者,不多舍文言而取白话哉。其说固曰是为其使人易解也,而及其繁冗鄙琐,暴于天下,天下识者从而笑之。则又为之说曰是新文学也,固非常人所能知也。夫此乃矛盾之论也。己实乐于白话之浅易,而又不欲居浅易之名,展转相救,遂反陷于不辞之失,而无以自解。昔在有清汉学盛时,程鱼门作《正学论》,讥其贪于汉以前书存者不多,致功既易,而足以动人,以为用心之巧。夫为汉学者,须辨训诂,明章句,通于经传诸子之籍,尚不如今之为白话文者之可以不读一书而操觚便辨。而鱼门乃力诋之者,诚以自便之心,其害于学术者巨也。夫充其自便之心,学术将尽为门面之具,故主汉学者,必其乐于汉学之破碎者也;主宋学者,必其乐于宋学之空疏者也;主王学者,必其乐于王学之放荡者也。然其害犹不止此,为便于鄙吝之私,则惜物节用之说行矣;为便于诬诳之私,则灵魂心灵之学兴矣;为便于侵夺之私,则平等自由之论用矣;为便于暴慢之私,则努力奋斗之声盛矣。且也为欲便于淫欲,则欲泯男女之界矣;为欲便于攘窃,则欲废产业之制矣;为欲便于无所拘束,则欲革家庭之命矣;为欲便于无所忌惮,则欲毁宗教之防矣。纷纷藉藉,云起而潮涌,初学小生堕于其中,耳目迷惑,如病狂之人,曾不知上下四方之所在,而相与靡然以倾,骇然以走。《中庸》曰:“人皆曰予知,驱而纳诸罟擭陷阱之中,而莫之知避也。”吾曾不料今之学者,其所尽心力而为者,适成为罟擭陷阱,既以自陷,而复陷及天下后世之人也。夫三人行而一人惑,所适者犹可致也,惑者少也。二人惑,则劳而不致,惑者胜也。而今也以天下惑,吾虽有祈向,其庸可得耶？虽然，知其不可得也而强之，是不智也；知其不可强也而舍之，是不仁也。与其失仁也，无宁失智，则吾又安得而不强聒也。

昔方正学论学术之微有四蠹，"文奸言，摭近事，窥伺时势，趋便投隙，以富贵为志，是为利禄之蠹。耳飘口炫，诡色淫辞，非圣贤而自立，果敢大言以高人，而不顾理之是非，是为务名之蠹。钩摭成说务合上古，毁訾先儒，以为莫我及也，更为异义，以惑学者，是为训诂之蠹。不知道德之旨，雕饰缀缉，以为新奇，钳齿刺舌，以为简古，于世无所加益，是为文辞之蠹。"夫莠草足以害良苗，郑声足以乱雅乐，今昔之势虽殊，而伪不去则真不明，邪不除则正不出。况今者学术渐有萌芽，扶而翼之，责在吾辈，故辄敢忘其谫陋，作为此篇，惟世之学者择焉。

论两汉选举考廉^①

两汉取士选举与辟召并重。而选举之目，有贤良方正，有孝廉，有文学高第，有茂才，有直言，有有道，要以孝廉为常科。《续百官志》郡太守"岁尽遣吏上计，并举孝廉，郡口二十万举一人"。而范书《丁鸿传》亦谓和帝时大郡口五六十万举孝廉二人，小郡口二十万并有蛮夷者亦举二人，帝以为不均，下公卿会议，丁鸿与司空刘方上言：凡口率之科宜有阶品，蛮夷错杂不得为数，自今郡国率二十万口岁举孝廉一人，四十万二人，六十万三人，八十万四人，百万五人，百二十万六人；不满二十万二岁一人，不满十万三岁一人。帝从之云云。独孝廉之举断以口率，他无闻焉，则是三代所谓乡举里选者，惟孝廉独存其实也。然自武帝用董仲舒之策创孝廉之科，迄于汉未，三百数十年间，屡有改移，寝非旧制。

武帝元朔元年诏有兴廉举孝之文，而令中二千石礼官博士议不举者罪，有司奏议曰："不举孝，不奉诏，当以不敬论。不察廉，为不胜也，

---

① 此文根据钟泰先生在杭州之江大学任教时所撰写的手稿整理，该手稿用毛笔书写，共四页，文中有少许修改处。每页稿纸上均盖有"杭州之江大学学生会出版部"蓝色戳记。书写日期为 1923—1937 年间。

当免。"亦廉孝分言,故赵广汉以州从事举茂才,察廉迁阳翟令。张敞以太守卒史,察廉为甘泉仓长。尹翁都以督邮举廉为继民尉,又以都内史举廉为弘农都尉。薛宣以大司农斗食属察廉补不其丞,惟京房、孟喜、王吉、师丹以举孝廉为郎,而刘辅举孝廉为襄贲令,各见本传。是孝之与廉,本各为一科也,而东都以后,若马棱、魏霸、韦彪、冯豹以逮皇甫嵩、朱隽、公孙瓒、袁术之徒,并见举孝廉,无复廉孝分举之事。而安帝永初五年,诏举至孝与众卓异者。桓帝建和元年,诏大将军公卿郡国,举至孝、笃行之士各一人,更于孝廉之外别立至孝一科。此前后不同者一也。

西汉参选,责在三公,丞相、太尉、御史大夫。而光武委任尚书,夺三公之柄,于是尚书吏曹,号为选部,专典选举。故范书《吕强传》宦官奏称:"旧典选举,委任三府。三府有选,参议掾属,咨其行状,度其器能,受试任用,责以成功。若无可察,然后付之尚书,尚书举劾,请下廷尉,覆案虚实,行其诛罚。今但任尚书,或复敕用。如是,三公得免选举之负,尚书亦复不坐。责赏无归,岂肯空自苦劳乎?"此前后不同者二也。

西汉举贤良文学者,皆试以对策,而惟孝廉不试。盖贤良文学以才用,孝廉以行进。才可试,行不可试也。顺帝即位,令郡国守相视事未满岁者,一切得举孝廉吏,章怀注谓汉法视事满岁乃得举。今帝新即位,施恩惠,虽未满岁,得令举人。夫何以必满岁而始得举,则以行者察之于平昔,非可得之旦夕者也,故不试孝廉,乃重其选,非轻之也。而顺帝阳嘉元年,尚书令左雄请"自今孝廉年不满四十,不得察举,皆先诣公府,诸生试家法,文吏课笺奏,副之端门,端门太微垣左右,执法所舍,即御史府。练其虚实,以观异能,以美风俗",诏从雄议。于是孝廉之科,与由博士吏道进者更无所别,是故张衡讥其损本求末,黄琼谓其于取士之义有遗。此前后不同者三也。

要之西汉立法似疏而滥举盖少,东汉防闲益密而冒窃转众。武帝之诏尝谓阖郡不荐一人,而章帝建初元年诏则曰:"茂才、孝廉岁以百数,既非能著,而当授之政事,甚无谓矣。"然此犹东汉之盛时也,至左雄改察举之法,而以缪举免黜者,济阴太守胡广等至十馀人。自是以降,选举益滥。州郡伺近臣之意旨,近臣以甄拔市私恩。《种暠传》:暠始为县门下史,时河南尹田歆外甥王谌,名知人,歆谓之曰:"今当举六孝廉,多得贵戚书命,不宜相违。欲自用一名士,以报国家,尔助我求之。"明日,谌送客于大阳郭,遥见暠,异之。还白歆曰:"为尹得孝廉矣。近洛阳门下史也。"夫举六孝廉,而仅得一名士,人乐道之,史特书之。其他之举非其人,滔滔皆是,盖可知矣。选举至此,得不谓之极弊乎哉。虽然,弊犹不止于此。吾尝读《潜夫论》矣,<small>王符作,符在安顺之世。</small>其《实贡篇》曰:"志道者少与,逐俗者多畴,是以朋党用私,乖实趣华,其贡事者,不复依其质幹,准其才行,但虚造声誉,妄生羽毛。略计所举,岁且二百。览察其状,则德侔颜、冉,详覈厥能,则鲜及中人。"吾又尝读《中论》矣,<small>徐幹作,幹献帝时人。</small>其《谴交篇》曰:"取士不由于乡党,考行不出于阀阅,多助者为贤才,寡助者为不肖,序爵听无证之论,班禄采方国之谣。民见其如此者,知富贵可以从众为也,知名誉可以虚哗获也。乃离其父兄,去其邑里,不修道义,不治道行,讲偶时之说,结比周之党,汲汲皇皇,无日以处,更相叹扬,迭为表里,梼杌生华,憔悴布衣,以欺人主惑宰相、窃选举盗荣宠者,不可胜数也。"既获者贤己而遂往,羡慕者并驱而追之,悠悠皆是,孰能不然者乎?

由是观之,上以伪求,下亦以伪应,则驱天下而出于秽恶,以败坏风俗,疑乱政治者,不且由孝廉为之厉阶乎?且取士之公,莫过选举,而选举之盛,莫过两汉。而当时贤豪达人,痛心于其制之弊也已如此,又况乎无制可守,而唯以阿私交结,以为进退之准者哉!以此求治,吾见其南辕而北辙也。

般 庚 五 迁 辨[①]

　　《书》序"般庚五迁"，伪传曰"自汤至般庚凡五迁都"，察马融注经文"于今五邦"，曰五邦谓商丘、亳、嚣、相、耿也，此当为伪传之所本，至伪传历数亳邑而不及商丘，则故以示异于马注，以盖其捝□□迹耳。此大谬也! 商之书阙焉有间矣，然《史记》犹可信。《史记·殷本纪》曰:"般庚之时殷已都河北，般庚渡河南，复居成汤之故居，乃五迁，无定处，殷民咨胥，皆怨不欲徙。"五迁之下，继之曰"无定处"，是五迁出于般庚一人甚明也，若如伪传之说五迁乃并汤至般庚数之，则般庚仅一迁便定耳，岂得曰无定处哉，般庚去汤盖三百有馀岁，记般庚之迁而必上溯三百馀岁之前，一一偻计之，而概曰无定处，无是理也。

　　且《史记》之文自有其例矣，前文曰"自契至汤八迁，汤始居亳，从先王居"，八迁居亳，明著曰"自契至汤"，使此果言自汤至般庚五迁，即亦当明著之矣。一著一不著，其例迥别然，则五迁云者，岂自汤至于般庚之谓乎? 窃推传者之意，特以般庚一人而五迁，嫌于扰民，是以不得不曲为之说。《正义》曰经言"不常厥邑，于今五邦"，故序言般庚五迁，传嫌一身五

　　① 此文根据钟泰先生书写在印有"之江文理学院考试用纸"上的手稿整理，书写日期为1923—1937年间。

迁,故辨之云自汤至般庚凡五迁都也,此言可谓探见传者至隐,惜终为传说所蔽,而不能委悉以正其误也。然知五迁为扰民,而不知一迁而使民咨胥皆怨之,为扰民尤甚也,益重其过,般庚不受也。夫齐桓不过霸者之雄耳,其迁卫于楚邱,迁邢于夷仪也,传美而书之曰"邢迁如归"、"卫国忘亡",齐桓所迁尚为异国之人也,而又当丧亡之后,而能使其民安居得所如是,今般庚一迁其自国之众,乃不免万民有震动之惊,在位有浮言之变,则是般庚曾齐桓之不若也,而尚得为殷贤圣之君乎? 抑五迁自汤之说,亦适《书》序有汤复归亳、仲丁迁嚣、河亶甲居相、祖乙圯于耿之言,合之般庚宅殷乃得五邑,遂为其数,巧合而不之疑也。而考之《史记》,则云般庚之时,殷已都河北,参之《竹书》则云,般庚自奄迁于殷,以理度之,祖乙既圯于耿矣,岂得听其沈垫而不徙?《正义》引郑注云祖乙去相居耿,而国为水所毁,于是修德以御之,不复徙也。康成此言真不啻瞽说,几见水害可以修德御之者,若修德可御水害,则禹之八年为多事矣,汉人注经往往悖理害道如此。若然,般庚之前且六迁、七迁而不止,岂及般庚而后为五迁乎? 夫上古之世,都邑屡易未为异也。吾不必上言虞夏之事,试以周初论之,太王由豳迁岐矣,而王季则都于毕,杜佑《通典》"毕,初王季都之,后毕公封焉"。文王则都于程,《逸周书·大匡解》"维周王宅程三年"是也。继迁于丰,《诗·大雅》"既伐于崇,作邑于丰"是也。武王迁镐,《大雅》"考卜维王,宅是镐京,维龟正之,武王成之"是也。武王既卒,周公又营洛邑。《书·召诰》《洛诰》所言是也。四世之间而迁都者六,文王一身则由毕而程、由程而丰,且三易其居矣。

夫于文王之三迁则不异,而于般庚之五迁则异之,不独异之,又从而讳之,而附会其辞以滋惑于后世,后世即亦无辨之者,是则何也? 或曰:子辨五迁当徵之于《书·般庚》三篇之文,今不据《书》而据《史记》,毋乃为失其本乎? 曰:《书》,《史记》之所自出,其原也。自后世惑于传说,始也解《书》者迁就经文以从传,继也注《史》者援据伪传以诬史,如《集解》即据孔传。其蔽也非一日矣。吾于史发其疑,而实于经得其旨,经曰"兹犹不常宁,不常厥邑,于今五都",曰"今我民用荡析离居，罔有定极"，即序"般庚五迁"、《史》"五迁无定处之所"本也。曰"民不适有居，率吁众戚出矢言"，戚戚，戚然也，与忧同重言之，则曰戚戚；单言之则曰戚，一也。矢如《春秋传》"公矢鱼而观之"之矢，矢言，谓陈言也。自"我王来"至"绍复先王之大业，厎绥四方"九十馀字，皆民所陈言也，观下文"般庚敩于民"别起，可见传疏皆以为般庚出正直之言以晓民，于是文义全反矣。曰"民之弗率"，即序"民咨胥怨"、《史》"殷民咨胥皆怨不欲徙"之所本也。曰"惟涉河以民迁"，即序"将始宅殷"、今作"将始亳殷"非是，束晳曰"孔子壁中《尚书》云'将始宅殷'，与古文同"，当从晳说改正。伪传作"将治亳殷"，疑即其欲成五迁自汤之说而窜改者，盖言五迁将始宅殷，则分明般庚经五迁而始定邑于殷也。《史》"渡河南，复居成汤之故居，遂涉河南治亳"之所本也。《集解》引郑注曰治于亳之殷地，商家自此徙而改号曰殷，其曰亳之殷地，郑注至确当可据，盖亳者地之大名，殷者亳之小号，殷非即亳，其曰从成汤之故居，亦就其大名言之耳。

以经通史，以史证经，五迁之出于般庚一时，岂不显明而确然哉！然般庚必五迁而后定，何也？曰水之患为之也，观其言一则曰"恐沈于众"，再则曰"惟胥以沈"，又曰"告汝于难"，曰"殷降大虐"，曰"用降我凶"，则夫五迁岂得已哉！至今文家之说谓祖乙奢侈逾礼，般庚知而行俭于亳，革奢即俭，盖般庚异时之政则然，而非其所以迁邑之故也，昧者不察，或以为其迁即由是，抑又其惑也。

我对简化中国文字的一点意见^①

大凡看一件事,看到他的短处,也要看到他的长处。处置这件事,看到他的利处,也要看到他的害处。这然后留长去短,就利避害,方处置得完善无缺,免得后来补救,又费一番力量,反多劳攘。近几十年来,提到中国文字,便加以方块字之名,似乎它在世界文字中,是一种特别的东西,不足比数,最难学,也最不进步。有些过激的人,差不多是主张非废不可。诚然中国文字,骤看起来,不如拼音文字,学得了几十个字母以及拼音的方法,拿起书来就可以读。但是读虽读得出,是不是就懂,也未必然。若是中国文字,采取旧时小学家的方法,将文字构造,简单地指示与学生看,就像祁连华的教法,如先认识偏旁,就所谓形的一面,然后再加上某声,声的一面,这样指示了几个例,学者举一反三,也就比拼音字难不上许多。所以有人说,"中国字易识而难读,拼音字却是易读而难识"。我想这话是有道理的。这就是中国文字的长处,我们不能不认识清楚的。不但如此,中国是一个幅员广大

① 钟泰此文是应《北京日报社》之约所撰写,后遭退回。退回信如下:钟泰先生:您的大作收到了,您热心为我们写稿,我们很感谢,但是我们觉得它不适宜刊登,又觉得它有很好的参考价值,因此打算转给文字改革委员会参考,您有什么意见请示知。敬礼。文字改革编辑室 1955 年 8 月 31 日

的国家,南北东西,山川阻隔,风土悬殊,发音是无法可以齐一的。然而广东人与北京人,四川人与福州人,说话是无法可通,而提起笔来,则一无隔阂,有如一家人聚谈一般。又不但广东、北京、四川、福州如此,凡是中国文字所通的地方,言语不通,俱可笔谈。这是从前在日本留过学,以及抗美援朝,到过朝鲜的志愿军和慰劳团的人们,所亲身体验到的。鄙视中国文字的人,所加它的一个最大的罪名,就是文字与语言分了家。于是也就说它是死了的文字。殊不知它并未尝死,也未尝分,正为它不专靠着读的音,同时还有表现的形,就有了这种特殊的作用。若不是这个方块字,而沿着声音的发展,我们中国也必同欧洲英法德意一般,两广人有两广人的文字,太湖流域有太湖流域的文字,淮河流域有淮河流域的文字,山东有山东的文字,山西有山西的文字,早已不知分裂成多少个国家,那里有所谓车同轨、书同文、行同伦,如今日中华人民共和国这样庞然的大国呢?所以我以为中国的文字,乃是中国立国的命脉,立国的根本。我对于改革文字,主张循着原有文字的道路,参合折衷,趋于简易,以求便于学习,便于使用,而不主张舍弃原有,别制一种文字,无论是拉丁字拼音,或就用所谓注音字母代替原有通行的文字,其理由就根据在这一点。

所谓循着原有文字的道路,参合折衷,趋于简易,以求便于学习,便于使用,是怎样一回事呢,这就是简化汉字。然而我不说汉字,而说作中国文字者,因为汉字这个名辞,有点不合逻辑。中国文字不是汉朝才有,而现在所通行的,又不是汉代的隶书。这不过是对少数民族,如蒙古文、西藏文、畏吾儿文,区而别之的说法。从全面看,说作中国文字,是不错的。所以中国文字改革委员会,也是以"中国文字"四个字冠在头上的。这一层我得先表明。为何要表明呢,表明这一层,就知道中国文字时时在改变,时时在前进。一以免迁儒笃旧,以为旧时文字将灭亡之疑;一以消无识趋新,斥旧有文字为死物之谤。中国文字从古文而大篆而小篆而隶书而草书而行楷,不知经过多少变迁,多

176

少改变，这且不细说，试问菊花的菊字，现在有写作蘜字的么，将率的率字，率又假借帅字作帅。现在有写作衠的么，陈列的陈字，有写作敶字的么，刑法的法字，有写作灋字的么。这不是趋于简便的明徵么。然则提及简化二字，又岂是现在才有的事么。但是劉字写作刘，漢字写作汉，宋代所刻书中，即已有之。而到今日，一般人把刘、汉只看作俗字，姓劉的人，问他姓什么，他总说是姓卯金刀，决不肯说姓九二码子，提起漢朝、漢文、漢画、漢玉，一定写作漢，而决不写作汉，这是什么缘故，难道这也是封建意识作祟么。非也。这中间有个约定俗成的道理。我若依照六书说，依照文字学说，必有人道我脱离不了那一套古老的窠臼。其实是中国人，自生下地以来，更不问识字不识字，终日终年，与这所谓方块字相接触、打交道，不识字的人，在契约或其他凭证上，画个十字，这也是方块字。从下意识里，他就不期然而然地铸成一种型范。合乎这种型范，他看去就顺眼，这样也就行得通。不合于这种型范，看去就不顺眼，这样就行不通，纵使行于一时，终必复还其旧。这种型范，自然是模糊混沌，很难表达得出，然而他的力量却也是不可以忽视的。举个例说，中華人民共和国的華字，有简写成华字的。记得有一次，一个老农夫曾问过我，说：“中華是我们国家的称呼，这是何等郑重的事，为什么明明一个華字，要这样写作个华。”我当时直是瞠目不知所答。你能说他的话错么。这就是所谓顺眼不顺眼的问题，也就是约定成俗的道理。这不是拿一种理论来可以抹杀，可以勉强更改的。明白了这一层，从而依据着这个约定成俗的道理，参合折衷，来从事简化中国文字的工作，我想是可以推行无阻，用力少而获效速的。

中国文字，固然有的是由繁趋简，却多数是由简趋繁的，那又是什么缘故呢？据我的愚见，这中间又有两种不同。一种是文字发展必不能免的，这是合理的。一种是从书法上讲结构，变乱文字而造成的。这是不合理的。什么是第一种呢？如菽麦之菽，豆之总名也。原本象形作尗，后从旁加手作叔。加手是表示去采取的意思，以叔又训作拾。

177

后来用这个叔作伯叔之用,于是本来训作豆的菽字,不得不加一个艸头以作区别。又如胞胎的胞字,本来作包。后来引申作一切包裹字用,胞胎的胞,就不得不加上一个肉边以免混淆。像这种由简趋繁,乃是文字发展上应有的情形。所以《说文》上说:"字者孳乳而寖多也。"正说明这种过程。这正如古来只是一个字,我们现在就有豆油灯、煤油灯、气油灯、电灯种种名字一般。所不同者,古人是合两个字成一个字,我们现在是合两个字成一个名辞罢了。像这种由简趋繁的,如若硬要转回它原来的简处去,就不免犯了把历史车轮扭回的错误,我所以说这是合理的,合理的也就只好从理而行了。什么是第二种呢? 如喜爱爱字,本当作恋,而假隐爱之爱为之,忧愁愁字,本当作愸,而假忧游之忧为之。为什么,为其结构长也。雲氣之氣本作气,而假用廩氣之氣,争鬥之鬥本作鬥,而假用鬭鬮之鬭,为什么,为其结构密也。这大体起自漢晋之后,文字成了一种艺术,于是便在美观上讲求,而脱离了实用。我曾发过一种议论,说:"书法兴而文字坏。"虽似怪异,不是全无理由的。如这一种由简变繁,乃是不合理的。既不合理,又何以遂沿袭两千年而不改正呢。原来自秦代李斯齐一文字以后,历朝对于文字,一任其自流,更不过问。惟有国家的公文书,以及考试的文字,才有一定的格式,不许增减笔画。试观许慎《说文序》,有"向壁虚造,坏乱形体"的话,后来熹平石经刻成后,前来摹写、厘正诸经文字的,至于车马阗溢,可见在汉时,文字即很混乱,不用说后代了。《中庸》上说:"非天子不议礼、不制度、不考文。"以考文和议礼制度相提并论,足见是一件大事。因为一国的文字,就同一国的度量衡乃至货币一般,有他的划一性,决不是人人可以做仓颉,自己制造文字自己改变文字的。如今中央有了中国文字改革委员会,这是考文的时候,也就是齐一文字的时候了。委员会拟出了汉字简化的草案,遍徵天下关心此事者的意见,这不仅表现了民主的精神,正因事关国本,必求其完善无弊,即非集思广益、不偏不倚不可。泰虽衰朽,何敢自外,兹提出简化文字的几个原则，一得之愚，请以质之达者。

　　一、简其所当简，而不强简其所不当简与不必简。这话怎讲呢？即字笔画繁多者，当求简省，若笔画本不多，即不必求省。如学習字，今省作习字之半，作习。然则羽字何为不省。岂写習字嫌其笔画多，而写羽字即不怕多写么。若因学習字用时多，羽毛字用时少，用多者当省，用少者不省亦了可，试问呼籲籲字，忧鬱鬱字，皆用时极少，为何要用于字与玉字代替而从简便呢。吾以为此在解放初期，军书旁午，一切求其简速，偶有将習作习，等于作速记用，渐用渐广，遂有所谓解放字的名目。而在今日天下大定，政治文物，皆须正规化，则如習字，也当如國字写作国，華字写作华，从事厘正。不必因其为解放字而就惮于更改。况且習亦姓也，今政府中有習仲勋其人者，未闻写作习仲勋也。<small>姓不改，草案中已有此例，如袁字是。</small>若姓習習字不改，学習習字则改，岂不是一个字变成两个字，从前只要学一个習字，以后却要学一个习字，又要学一个習字。试问这是简化呢，还是找麻烦呢？所以我以为笔画不多，即不必定求其减。若斤斤校量于一画二画之间，以为省一笔总比多一笔好，那就不免要削足就屦，把轻重本末倒置了。

　　二、字有本简而后转繁者，当追还其故，不必别改，反滋纷扰。这就是上文所说繁而不合理的，本有它的简体，改从原来即可，不用别作一体也。如與作与、氣作气，这已见于草案中。其实这种字还多得很。如日食不必作蝕或蝕，方才不必作纔。<small>这字依理还当作才更简。</small>堅固之堅本作臤，不必加土，歌谣之歌本作哥，不必加欠。仓廪之廪作亩，打击之击作毃，疲倦之倦作券，<small>下从力不从刀，从刀则是证券字。</small>敷设之敷作尃，陰陽作会易，殲滅作戋威，这皆是本形原省，后来加繁的。大抵偏旁之皆系后起，其加偏旁者，原为避免淆乱，然亦有不须加旁，而亦不致淆乱者，即偏旁尽可省去。推此例以求简化，不伤形体，而简化之字固甚多也。如習慣慣字尽可作贯，淘器淘字尽可作匋，安稳稳字尽可作悤，形像像字尽可作象，稱举稱字尽可作再，犧牲犧字尽可作義。如此，不背习俗,不骇见闻,而可坐收简化文字之效。我想委员会诸公必也早见及此,固用不着我哓哓多口也。

三、当极力避免文字混淆、名物紊乱之弊。六书本有转注假借之例,此乃在文字不全时,不得已如此。若既有其字,而为省便之故,取别一同音或音相近之字来代替之。则不当文字混淆,亦且名物紊乱。这不仅仅是文字的问题,而且牵涉到法律的问题了。如依《草案》,用谷字代穀字,此在湖南乡间即如此。若江苏人却说稻不说穀。用斗字代鬥争的鬥字,糧食的糧从简写作粮,而高粱之粱亦用此字。试问如有一字据,写着"为粮食的事,我曾与他一斗,他跌在谷里了"。一个据此说是给了他一斗,升斗的斗。一个说他给我一鬥,一个说是跌在穀倉里,一个说是跌在山谷里,一个说这粮是高粱,一个说这粮是米粮。若仅仅作为笑话说,或是仅仅有这么一回事,那都没有什么。倘若果真涉了讼,各执一词,不知问官是依甲说呢,还是依乙说。又如鬱字,即写作玉字,此作南方人根本不是一个音。试问鬱金与玉金,可作一种解释么。字是简化了,而天下纷纷,从此多争,简乎烦乎? 所以我这篇文字开头就说要长短并顾,利害相权也,也正为此。这不是危言耸听,更不是佞口巧辩。实则古人创立文字,正名辨物,原以核名实,杜纷扰。所以《易经·繫辞传》说:"上古结绳而治。后世圣人易之以书契,百官以治,万民以察。盖取诸夬。""夬者决也。"是凭以决断万事的,不是随随便便可以由几个人的理想,或者说是好意,来轻于更动的。我前面也说过,文字的发展,有时不得不由简趋繁。繁有繁的理由,不是繁就要不得。若是对繁的就厌恶,以为简的就好,这不是简,这是苟且。譬如中国人一姓一名,单名的,念起来只两个音,写起来只两个字,这多简便。苏联人有教名,有父名,又有姓,写起来就累赘,一会教名,又一会爱称,说起来啰嗦。然而苏联人并不觉得不便,而且非此不可。为什么?"名者所以别也。"不如此,即无别。为区别,而后有名,为区别而后有文字。这一点是要求委员会诸公深深注意的。

四、当依据章草之类,创立一种草书,与正体并行,以辅文字有不能简化者之短。这一层《草案》中加经采用,为什么要提出呢?一则草案只是少数的字,不曾遍及。二则草案只是依仿它来简化某某等字,不曾分别正草,说是相辅而行。案旧来行草两种书体,本就是一种简化文字的作用。但是书写无定式,同一个字,甲如此草法,乙又如彼草法,不能齐一。若狂草一类,出入微细,就在长短偏正之间,不易识别。所以俗语有"草字出了格,神仙认不得"的说法。以教初学,更是无所依据。所以我主张创立者,也不是说个个字都由我作古,仍是依据古人,取其最省,而又易写,又不容易错乱淆混者,作为定式,由学校以及其他识字班补习班之类,传授学者,与正体字并用。这然后看与用,读与写,可以分开。看的读的是正体,铅字所排,即稍繁复,亦无可碍。写的用的是草体,不独笔画少,而且宛转钩连,一笔直下,可以几个字乃至十几个字。如此,时间上不知要省多少。这虽非可以期效于一时,然而却是根本解决的办法。较之枝枝节节而为之,是强多了。

总之改革文字,是目下一个重要的工作,同时也是一个艰苦的工作。久滞不前,固有负政府的付托,稍一不到,又要招天下的责难。固然要群策群力,有时也要当机能断。眼光要看得远,思虑要用得周,心又要放得平。然虽如此,若能从中国人的立场看中国文字,不是以外国,尤其是欧洲人习惯于拉丁、希腊文字的眼光来看中国文字,是替全中国人工农兵来着想处理改革中国文字,不是替一群学过外国文字、习于拼音、习于横写的人来处理改革中国文字,认清中国人学中国文字,有其先天的遗传,后来的熏染,是驾轻就熟路的勾当,不是像某一国人学别一国的文字,要从字母习起,一个字一个字,牢牢记,反覆读,而后方才有点相应,那一种费力的功夫,本着先民所遗的经验教训,参以目前教学的情形,民间便与不便的口碑,大概的方针,也就可以制定的了。然后穷一二年之力,作成一个完整的方案,当不让史籀、李斯专美于前了。

附带着说一句话,《草案》中间有个卫字,说是衞字。我听说此字始于东北,乃是日本人药品及衞生材料箱上的一个标识。原来日本人"衞生"读作卫イせイ,取了头一个假名_{即字母}。作为衞生用品的记号。关于衞生一类的公文,也是加上这个字。在它本就是一个不全的字,不知怎样我们后来也就用上了。于是草案中也采取了。这不但紊乱中国文字的形体,更玷污我神圣祖国的国体。我是无论如何也不愿用,也不愿看见。至少这个字在《草案》是要抹掉的。

记　传

哀　文

伤哉！痛哉！华今乃为无母之人矣！华罪大愆重，母在不能尽养。

母死，伤哉！痛哉！华乃今为无母之人矣！昨读太谷《孝经》深罪母殁不能奔哭其终，而不意华今乃蹈此重愆也。

伤哉！华归而母已不言，华言而母已不能闻也。华负罪深重，母在不能养，母疾未能侍，母殁未能诀。华虽粉身碎骨，宁足以赎哉！

伤哉！吾母爱华，何能一日离华，华不孝，何忍一日忘吾母，华私冀终有见母之日。华祝吾母佑我，华尤祈吾师吾友之督责我，鞭策我，而俾我终得遂此愿也。

伤哉！痛哉！昔托命于母，今则托命于父，兼托命于师友矣！生我者父母，成就者师友。华今日念皆泯，所恃以不绝望者，惟吾师吾友而已。

承书草草奉闻，不知所云，惟夫子病状，似仍请不时相告。

武进唐夫人传

呜呼！自诗教衰而妇职废不举者盖已多矣，中产之家主妇往往以操井臼、供炊爨为苦，下者至缝纫补缀之事一一皆界之婢媪，其媮惰如此，遑言相夫教子、待宾客、恤乡里，一人之本而可以美教化移风俗者乎！

武进唐夫人者，是真闺阃之典范，足以当女师而无愧者也。夫人姓钱氏，名巽玉，归吾友唐君玉虬。玉虬字之曰珊若，时夫人年二十六，唐君已三十一矣。遗有前室女二，长者才五六岁，次者三四岁，夫人悯之、爱之、抚之、教之，一衣一食无不亲为料理，而遇有过失，言语辞色之间，即亦不稍有假借，曰吾不以爱而陷于姑息也。次女性倔强，始颇悻悻，久之乃感悟曰：母诚爱我。故至今母夫人如己母，夫人亦几忘二女之非己出也。夫人嫁数年而无子，乃劝唐君嗣仲弟子名澍官为后，其抚教亦如二女。

倭乱起，唐君在钱塘以避空袭，先送其嗣子回常州，依其父祖，盖嗣子亦早丧母也。时长女则已遣嫁，迨寇逼，乃与夫人擎次女展转避兵至成都。会从兄松元殁于重庆，遗孤甚众，嫂氏惧不能全活，以其稚儿名蜀华者螟蛉于张氏，君闻之曰吾与是儿之父为同祖，并荆川公之血胤也,忍坐视弃于他姓乎,是必复之。然襁褓中物,保抱哺养非丈夫所能任,而夫人方新患血症,濒死而乍愈,惧不能堪育儿之劳。唐君意亦难之,乃夫人力任之,并速君曰欲复之即不可缓,因即遣次女至重庆抱儿至。儿至尪瘦乃无人状,下粪粒粒如羊矢,邻妇见者皆曰是儿尚有生理乎?君徐以药饵乳糜调之,而夫人则昼夜置之怀中煦之使暖,盖恐其厥也。今蜀华十五岁矣,夫人之卒,恸哭无停声,知夫人之劬劳所以感之者深也。

　　唐君始任职浙江实业厅科员,公事外则以吟咏自遣,足不一至达者之门,以故十年而官不迁,俸给所入才供一饱,家庭生事一委夫人。夫人料量出入,虽清苦而恒若有馀。及至蜀,唐君以教书鬻医为活,时币制大坏,与宋之交子、会子相若,斗米每以百千计,君贫乃过在浙时。余从重庆至嘉定,过成都唐君于寓庐,君留余宿居,室整洁,饮食精腆。余私讶与君贫士殊不称,后与君谈,知夫人平时一丝一粒不妄费,其丰也乃皆其啬之为也。因思《葛覃》之诗曰“害浣害否”,夫汙浣细事耳,何所取于商度?《斯干》之诗曰“惟酒食是议”,酒食常事耳,何所取于计议?盖其间自有经纶学问在,非寻常女子不通于诗教者所能识也,余之心服夫人实始此。

　　数年以来天下大定,君既归故里,余亦迁寓沪上,尝两过常,见君与夫人,夫人之精勤整饬如故,亦稍稍老矣。不虞去最后之见未两月,二月上旬忽得君书与所发为悼亡之记,则夫人于前月二十二日以风疾误被针灸而卒于寝室,年才五十七耳。

　　呜呼哀哉!君以诗文著述驰誉于海内,得夫人之助为多,尝记君之纂《荆川公年谱》也,时走西湖之上就旧文澜阁,遍翻《四库全书》中当时名家文集,凡有与荆川公往来书札及有关荆川公遗事者,一一手录之,夫人时亦与其役,手为之茧焉。君在成都时尝困甚,夫人有诗曰:“年来米粒珍珠价,白饭青羹只自安。幸有郎君能卖赋,任他四壁不知寒。”君每谓余言,当困顿无聊赖时也,用此诗以自振也。君今暮年丧此良耦，其悲其愤而百计求所以尽其情、永其思者，念无如以文彰夫人之德之行，而以属之泰。泰素拙于辞，何足以副此任，然惟夫人之德之行实有可为世法者，因就其所闻知，传其落落大者数事而以归之诗教焉，其或不悖于君与夫人之志也欤？乙未岁二月上浣江宁钟泰撰。

记江南格致书院[①]

当清景帝戊戌维新之年，有诏令天下各省开设学校，时督两江者为新宁刘坤一，择江宁省会北城之地，地名三牌楼者，创置江南大学堂焉。未数月，政变，太后那拉氏复柄政，各省所设学堂一律罢废。刘督以学堂开办未久，罢之可惜，且学生虽不多，既招之来，遣之亦无辞，乃易名为育才馆。后有条陈者，谓育才馆之名旧所未有，不如袭用书院之名，盖学堂为明诏所禁，而书院则各省乃至府县皆置之，朝廷禁令之所不及，即御史欲借词攻讦，亦无置喙之馀地。时省城原有"尊经"、"文正"等书院，特月一课文，依等给奖而已，院生皆入学生员，未有住院者。江南大学堂既采用泰西学制，学生必住宿，设监学以管理之，又所习重在西学及各国文字，与旧时之书院异趣，今虽更名，犹欲稍存其实，因名之曰"江南格致书院"。格致者，小戴《礼记》、《大学》篇之所谓"格物致知"，而自明万历来，西士入中国，谈其声光化电之学，即窃用此名，故以是名之。又以当时上海制造局亦附设有"格致书院"，故冠之以"江南"二字以为区别焉。顾其时，科举未停，书院无出身之路，又在政变后，士绅钳口莫敢言新学，子弟有当时考入大学堂者，率多退学返舍。闻初改书院时，院生廖廖，殆不满三十人耳。

越二年而庚子之祸作，八国联军入京，那拉氏擎景帝西走。劫于外力，先是之反对新政最力者，如端郡王刚毅、徐桐之流皆以祸首被诛，新学之禁渐宽。辛丑岁，江南格致书院始复招新生，新生概名为附课生，其异于正课生者，特每月无膏火银八钱耳。而自火食以至书籍纸笔，皆由院供给，故家贫而有志于学者，多就焉。余时年十三，犹记入院考试题为"汉武帝论"，时与考者皆自经塾来，除四子书外，几无所知。余以仲兄之教，曾阅过《纲鉴易知录》，于汉武前后事迹，略能言之，因是得被录取。在院且三年，其规模功课，今已不能道其详，仅就所忆及者记之，后有编教育史者，或有取乎尔焉。

书院之主持者当时皆名曰"山长"，由地方官聘请，盖所以尊师也，江南格致书院则不然，其名曰"总办"，不以聘而以札派。山长多取地方知名之士，总办则用在省之候补人员，此亦格致书院异于其他书院之一端。总办之下有"监院"，监院亦候补人员。总办不常到院，监院则常住院中，盖日常事务皆监院理之，若其大者要者，则必请命于总办，由总办决焉。时总办官阶为候补知府，监院则同知之流，于其所戴水晶顶可以辨之。监院之下曰"监学"，是管理学生者，院生上课有无旷阙，及夜间有无私自出院，监学皆必稽焉。此外有"文案"，有"账房"，有"图书管理员"。自监学以下，亦皆后补人员充之。然皆所谓佐杂官，视此为差使，懔懔焉唯恐失之。文案以次，与院生无多接触，接触多者厥惟监学。而佐杂出身者率龌龊无威仪，学生本以轻之，见其伛偻委琐之状，尤厌之，以是不独不以师礼相待，亦且不以人类齿。监学中有朱姓者，学生私自呼之，辄曰"劈沟"。"劈沟"者，英语所谓猪（pig）也。犹记每晚朱监学到斋舍点名时，推门掩身而入，问某人在否？或应之，则答曰喏；其有不之理者，则亦逡巡而退，无奈学生何也。当时学生中有年长明礼者，亦尝劝同学无为已甚，然同学年少气盛，或反唇相讥曰："岂兄欲拜劈沟之门邪?"亦惟苦笑相对而已。监学外,学生所最恨者为账房戴某,其起因则由膳食之恶。院规定每桌八人,早餐食粥,咸菜四碟,中餐、晚餐食饭,肴皆五品,大约两荤三素,不为不丰。而有时鱼则馁败,肉惟皮骨,蔬菜亦多老根败叶,至不可下咽,若是,则饭堂必大闹。院中自监学至账房,例与学生同食,其席则在饭堂之中间。两边当喧嚷时,戴某必先遁。学生知其技,亦先自两边绕至中间门外阻之,既欲遁而不得,则呼厨头至叱责之,令其换菜。换菜无他,惟是炒鸡蛋而已,然至此学生亦无词,哄亦以止。究其膳食之恶,赚钱者为厨头欤? 账房欤? 抑总办、监院皆有所染指欤? 学生终亦莫能明,亦莫有追问也,然众矢所集则在账房。故账房之畏学生,正与监学等。若总办则每月朔望率教员、学生至礼堂"至圣先师孔子"牌位前行礼,其时与学生一见。不然,则学生有所要求时,至总办签押房特谒之。余在院将三年,未尝一聆总办言论,但知其名为吴增汉,号可园而已。后十馀年,在旧书坊中得见其所著《三国疆域志》,始知可园先生为盱眙吴勤惠公棠之孙,家学渊源,于经史皆有研究,而尤长于地理沿革。然则刘新宁以之总办格致书院,未尝不为择人。而总办书院数年,其所学即未尝沾溉及于来者,学生只以寻常之官僚目之。虽曰时会,而亦制度不完之所致也。推是以言,若监学、若账房,其与学生相视若仇敌,即亦何莫非制度之为之。清之末季,学堂办理不善,盖大率视此矣。监院者姓胡,余亦未始与之交一言,但出入书院经过前厅时,每见其手捧水烟筒,徘徊于厅上而已。余时虽年幼无所知识,傲不与为礼,亦窃怪为监院者,其视学生乃若路人,然上不能进而督教之,下不能就而辅翼之,则学生之漠视之若其人不存者,亦不足责也矣。

书院建筑,前为中式,礼堂、饭堂皆在当中,旧所谓大厅、正厅也。宿舍皆在两旁,在东者为东斋,在西者为西斋,各有三四十间,两两相向,中为院落。每间住二人,甚宽敞,床、榻、桌、椅皆备,汤水皆取之公家,惟油灯则自具。正课生每月有八钱银子,名之为膏火者,意盖由此。东西二入门之处,终日门垂帘,学生过其门,或故大声以挑之,监学亦若弗闻也者。院之后为课堂,课堂则西式,当时称之"洋楼"。饭堂之后亦有楼三楹,所以贮图书者,当时称之"藏书楼",此楼则中式,故课堂称洋楼,亦所以为别也。课堂共有四:上午为英文,下午为算学,若汉文则每月课文一次,盖汉文袭书院旧制,英文、算学则用学校新制,所以不同也。余初入院,在第四班,英文、算学皆由一赵姓教习讲授。赵出身于水师学堂,讲授极认真,上午英文自八点钟起,至午饭时止;下午自一点钟起,往往至打晚饭铃时始下课。若秋冬、冬春之交天气短时,则必至暗黑不能辨字而后已。犹记学算学加减乘除四则,有时习题多至七八十条,而中间并无休息。赵教习以此至咯血,而学生患咯血、遗精病者亦颇多。一年之后,余以成绩优等,改为正课生;英文由四班升至二班,算学则升至一班。二班英文教习何姓;一班算学教习周姓,无锡人,闻为华蘅芳门人,算术造诣甚高。余所学为几何、代数两门。代数所用书为《代数备旨》,几何所用书为《形学备旨》,皆旧算学书也,故代数不用拉丁字母而用甲、乙、丙、丁、天、地、人等,几何亦然。周教习与赵教习异,不用黑板,高坐讲台之上,命学生围绕于其讲桌之旁,用大纸一张,执毛笔演算以示学生。既不善于讲解,又无锡土音不易晓,但闻曰"者个等于者个,所以者个等于者个"而已。课既在饭后,人本易睡,又历时久而无所用心,故往往有伏于讲桌上而睡去者。迨各散而睡者尚不知,于是周教习乃轻摇之曰:"尔尚有不明白而须问者乎?"睡者惊觉乃赧赧然离去,而周素宽,未尝一责也。余从周教习学代数、几何年馀,始终不知代数、几何为何事,叩之老同学,则曰:"汝当依公式如此演算,答案必不误。"盖皆震于周之名,无敢有非难之者。且当时亦未闻有所谓教授法,即欲非难之,亦不知所以为辞也。故院中学生仅于监学时相侮慢,而对教习则甚尊重,路遇之,必称曰老师。若在民国初年,有如周教习者,必且罢课以排去之矣。此已足觇时势之变也。第一班英文教习彭姓,广东香山人。香山,今之中山也。兼有总教习之衔，于英文课外，亦教化学。当余在书院时，课程之中足以与书院之名"格致"相符者，亦只有此化学一门，而习之者才十馀人。因所用书为英文，而彭教习上课，与学生相问答，亦用英文。故非英语通晓且能对话无碍者，即不能学焉。学生于诸教习中最尊重彭，或言其曾到过英国，究其所学为何科，在英所入为何大学，亦未有能道之者。余所识教习惟此数人，其名皆不复记忆，若其馀则并姓亦不能举之矣。

汉文教习为湘乡张仲纯先生，名通谟，以名孝廉考取经济特科，为江苏特用知县。余于仲纯先生记之独详者，当时书院学生偏重英文、算学，鲜有留心中国文学者，故每月课文时，常有不通之课卷。余则文字较明顺，以故名必前列。其经一年即补为正课生固由英、算优等，而汉文见赏于张先生，亦有关焉。张先生虽出身科举，而喜治新学，如课文题目多取欧美近事，若"拿破仑论"、"俾斯麦论"以及"兴造铁路之利弊"等，此在当时皆新颖可喜，余固心重之矣。其后，余自日本留学归，在两江师范学堂充日文翻译，张先生时为斋务长，不时相从讲论文字，积日以亲。后抗战军兴，余展转避兵至湖南，任教于安化兰田国立师范学院，闻张先生亦由浙江归，居湘乡乡间，特过湘乡一谒之，而不久先生死矣。盖在格致书院三年，始终获教益而不能忘者惟张先生一人，其中实有臭味之契焉。格致书院课程并无限制，资性聪颖者可不必循序而讲，是其优点。而于学生一加放任，且重外文而轻本学，缺点实多。如藏书楼所藏中国书籍不鲜，学生几未尝涉足其间。犹记余以考试优异，曾特奖书四部：一朱子《近思录》、一顾亭林《天下郡国利病书》、一顾景范《读史方舆记要》、一《大清会典》。《近思录》即盱眙吴氏望三益斋刻本，是皆有用之书，而余当时捆载归家，竟未一寓目。及自日本回，方取而读之，《天下郡国利病书》即已散佚不全。至今追思，书院办理虽不善，功课虽不完美，而所以待我者则至渥，我实有负于书院，不能无内疚也。当我在书院时，无有毕业者。后数年，改作江南实业学堂,章程始大备,有毕业年限,其矿学一班,成绩颇为海内所称。计其人,当尚有存者。其中或有书院旧人,若能就其忆想抒写为文,必视余所记为更详委焉。

于此,尚有一事可记者。当刘坤一卒于位,南皮张之洞代之,张素以兴办新政自任,而视学堂尤重。其时,南京有学堂三:一水师学堂,一陆师学堂,一即格致书院。盖格致书院虽以书院名,实则学堂,故外间亦以"洋学堂"呼之,未尝看作书院也。南皮到任未数日,即巡视各学堂,始水师,继陆师,最后格致书院。水师、陆师学生皆有制服,且向以兵法部勒。总督来时,学生戎装排队迎于门外,张下马车后,换乘二人软轿,直入学堂。学生向之敬礼,特颔之而已。至格致书院则不然,向无体操课,故亦无制服。院中榜示,乃但令学生具衣冠以待。院门之外,又不如水师、陆师两学堂有宽阔之操场可以排队,故皆开叉袍、束带纬帽候于门外。而学生中有一举人,十馀人已入学称秀才,并有食廪者,皆金顶排列于前。南皮下车,已换软轿矣,入门之后,见众皆衣冠,遂呼降轿,步行而左右为礼,磬折以进,而至礼堂焉。盖科举未废,所谓秀才也者,苟秋春两闱获捷,便可为部曹,为御史,其尤者可入翰林院,转詹事府,以至外放主考学政。南皮起家探花、编修,其视科第固重,又馆阁旧习,前辈与后辈,常以汲引奖诱为加任。气类之感如此,故于书院学生特为加礼,无它意也。然以是学生遇水师、陆师两学堂之相识者,便举是以为炫耀,曰:汝辈小兵,此后不得再与我等砍衡矣。虽曰戏谑,然亦可见当时学生识见之浅,与夫重文轻武积习入于人心之深也。学堂既重科举,故学生中应乡试者不必论;即能应童子试,亦特奖之。在考试中,虽缺课,分数照给。若童子试而获隽入学,附科生可即提为正课生。犹记乡试之年,七八秀才,以公令改试策论,群向藏书楼借书,以备挟以入场,供獭祭之用。书院一一应之,至势不能周给,而秀才等因以内哄焉。此虽琐屑,顾于是可以察知当时学堂真相,故不欲略而赘缕记之如此。

圣约翰大学"六·三风潮"
暨光华大学成立记

一九二五年,即民国十四年五月十五日,上海日人所办内外棉织会社以停工胁迫工人,工人抗议要求开工。厂主遂开枪打死工人顾正红,受伤者复数十人。一时群情大愤,首由各大中学生起为工人声援,到处演讲。租界工部局下令逐捕学生,众益愤。至三十日,在南京东路演讲之学生又有多人被捕,于是学生与民众千馀人拥至老闸捕房,要求释放。英捕不待声说,即对众开枪四十馀发,当场死伤者多至四五十人。世所传五卅惨案者,即此也。惨案既出,各校学生奔走相告,有聂光墀者,交通部工业专门学校之学生,而先时尝肄业于圣约翰大学者也,是晚,到约翰大学学生宿舍,举工业专门学校被杀学生数,及其所目睹英捕之暴杀人之惨,以为旧同学告。约翰校长美人卜舫济闻之,即奔至,驱聂光墀出,且厉声诃斥之,曰:"汝无权在此说话。"众中有应之者,曰:"中国人在中国土地上,乃无说话权耶?!"卜氏语塞去。翌日,租界华商罢市,以示对工部局抗议。约翰学生亦于六月一日宣布罢课以应。卜氏乃定是晚开教授会议,谋对付之策。时教授中主持中文部者为孟宪承,孟固愤之于租界之欺凌国人,而表同情于学生者。

195

因先于午饭时召集中文教员开谈话会,到者钱基博等十四人,其非中文教员者到者亦四人。孟曰:"学生亦国民也。以学生言,似不应罢课而不学;然以国民言,为其同胞之被人屠戮而罢课以争,此天职也。弃天职而不讲,又何以学为。"众咸韪其言。教授会议,中国教员向不出席,是晚之会则无一缺席者。先由美籍教员发言,皆为工部局辩解,其尤悖者,乃至谓学校在工部局管辖之下,不能容学生反抗工部局。不知约翰大学在梵王渡,其地非租界,根本说不上管辖二字也。中国教员力斥之,而卜氏犹谓学生究不当罢课,相持不下,乃请投票表决。卒以三十一票对十九票,通过允许学生罢课,但责诚学生在校守秩序而已。而议案通过后,卜氏宣言:"此事重大,校长有自由处置之权,不受决议案束缚。"学生闻之大哗。卜氏知学生之不易与也,于二日召集教员代表六人、学生代表六人开联席会议,定罢课七日,而曰:"如期满而事未平,将提前放暑假。"一面以此敷衍学生及中国教员,一面则通知学生家长,危词以耸之,谓学生随时有加入暴动之虞,学校不能保其生命安全,当及早促之归。盖涣散其团体,使学生无形而瓦解,是其谋也。学生方议每晨于学校内升半旗为死者志丧,并群聚国旗下,效夫差在庭之呼,以无忘此痛也。而悬旗之礼,向列由童子军掌之,因属童子军副团长潘志杰请于卜氏,卜氏亦佯许之。及三日晨六时,学生在礼堂开会后趋赴旗下,旗已为卜氏取去。因推代表责其反覆。卜氏曰:"吾允悬旗,未允下半旗也。"坚定不肯出旗。代表无已乃自觅一旗以至,众见旗咸免冠鼓掌。潘志杰方曳旗而升之,卜氏忽来,强攫之下意欲携走。有学生大呼曰:"此我辈旗也,非学校所有,校长何得取之。"卜不得已,以旗还学生。学生乃持旗入礼堂,置旗案上,向之行礼。方将唱国歌,卜氏趋至,登台宣布学校解散,并挥学生出校,不得逗留。卜氏自约翰初为学院时即长是校,此时已年六十馀,素以"中国人的朋友"自号,每唱言:"吾美国与欧洲诸强国不同,地大而民富,无取攘他人之有以自肥,对中国实一心欲助其强盛,无别图也。"又貌为

196

慈厚,施小惠以笼络学生之贫苦者。而当时在教会所设各学校中,约翰又以功课认真著称,故好学之士乐趋之,学生之众甲于他校。平时既为卜氏甘言与外貌所惑,敬戴之不忍稍与之忤。至是初则诧,继则骇,终乃恍然悟,其后《离校宣言》有云:"今知彼大言欺人,以中国之友自命者,其居心之叵测,其凌辱我国之念之深,与彼南京路上枪杀吾国人者正等。杀人者杀吾人之身,此则摧抑吾人爱国之忱而杀其心,平时务为文饰,其野心以隐而不著,一旦事变猝起,魑魅之怪状乃一一暴露无遗。"盖痛心之言,而亦据实之论也。学生既知卜氏非可以正义争而言语动也,遂全体宣誓永远脱离圣约翰关系,并相约以后不再进教会学校,整队离校而去。计大学暨附属中学学生凡五百五十三人,无一留者,其本届应毕业者陈训恕等九人,且声言不受约翰文凭。于是教职员孟宪承、钱基博等十九人辞职以去,而工友愤而去者,亦有姬奎元、水福顺等十人焉。

序　跋

蔡氏宗谱序[①]

《记》曰"万物本乎天,人本乎祖",本乎天,人与物之所同也,本乎祖,人之所独也。圣王之为教也,必使天下明其同,明其同则仁之道立,而侵陵杀戮之祸免矣;亦必使天下尊其独,尊其独则礼之制行,而乖离背畔之奸息矣。自尧舜以来于今,数千年中更丧乱者数矣,而我神明之胄终不沦于夷狄禽兽之归者,岂非先王之教入人者深,而流风遗俗犹有维系民彝于不坠者欤!

自郊社之典不举,人之本乎天者漫不复识,寝假而党争之祸起,以屠杀为工作,人命之贱直犬彘之不如。然犹赖井邑之民知数祖考、隆祭祀、重谱系、睦宗族,丧其同而犹保其独,是以非孝、公妻、废姓、火葬之邪说终不能入于人心,数年之间乱以渐解,虽向之倡变者亦颇悔悟其失,有改弦易辙之思。今夷狄之祸又亟矣,其丧心者方且忘本背亲,脈然供仇人之役而不恤,于是上自庙堂下至军行所及,无不皇皇然以内奸不除为患。然后知民德之衰必有所乘,向之卒诋家族之制为与邦国不相容,其识之浅陋已极,而《周官》所谓宗以族得民者,果有其深意

———————————

① 此文刊登在湖南国立师范学院《国师季刊》第四期。撰文日期在 1938 年—1939 年间。

存焉。

己卯之春，建德洋源蔡氏将修其宗谱，主其事者名振铎，介胡生才甫以书来求序于予，曰："吾宗之谱三十载一修，此祖训也，今虽去战区不远，然祖训不敢违，并力从事，剞劂之功已具矣，敢以序请。"夫爱其祖先族人之心，即爱其宗国邦人之心也，横渠张子曰："管摄天下人心，收宗族，厚风俗，使人不忘本，须是明谱系世族与立宗子法。"然则一姓一族之谱，不必即一姓一族之谱而已，古者小史奠系，世辨昭穆，与掌邦国之志并重，是不亦可见哉。

予既重却蔡君之请，因为发明人物之本，及家国相依相为之理以复之。蔡氏为有宋西山先生之后，今犹有能读九儒之书者乎？闻予言也，知夫行其典礼与明于忧患与故，息息之相通也，亦可以上窥《河》、《洛》、《易》、《范》之传矣。

手钞并校补明钞本漳浦集跋①

　　陈左海所编《漳浦集》搜辑可谓勤矣，而如《解辽环请绝北使议》等作，皆极有关系文字，以忌讳之故，虽存其目而不得不阙其文，若其他文中凡有触犯满文字句并从刊削，多者至上下文不复可连贯，余每读此书未尝不引以为憾也。

　　旧闻诸暨孙俶仁君藏有明钞本《漳浦集》，曾欲恳友人马蠲叟代借一校，会倭乱起，遂止。癸巳冬，蠲叟来海上，因之得识孙君，谈及此书，慨然见假。自甲午春讫秋，穷九月之力，除陈刻有目而阙者三篇得补完外，更补得《代缴金声玺书疏》一篇、《严大夫死节论》一篇、序十七篇、书六篇、家信一篇、《与曹太尊启》一篇、谕檄五篇、《榕坛会约》一篇、辨揭一篇、书后八篇、语录十二则，其八则即刻本题作"书示同学"者也，补录四则。又兵法一篇、墓志铭四篇、题词一篇、像赞一篇、祭文两篇，《懿畜编》内补得"薛文清"一则，盖共文四十馀篇。于诗补得五古一篇、七古四篇、五律十八篇、七律三篇、七绝三篇，共诗二十九篇。此皆陈左海所未见也。

———————————

　　①　此《跋》文后盖有"钟泰印"印章。

203

其阙文藉以补填者亦不少。案刻本载洪石秋收文序，列石斋十二书，有《黄子录》、《黄子外录》之名；此钞共三十六册，题曰《黄子录》者二十五册，为最巨，所补诗文七十馀篇皆录自《黄子录》者也。录中各篇时亦有石秋洪氏注语，似即本之洪氏辑纂之旧，然以校洪氏目录类次，既不尽同，而左海所摘录内缺篇，钞本又多有之，则实非洪氏旧本也。又《严大夫死节论》后附载《闻严知非居巢消息》七言古诗一首，其下有知非五世孙名□者跋语，署年乾隆丙寅，岂严□者因洪氏之旧，搜求增益而更为此欤？抑他氏所编而严就录之，因加此跋欤？是不可知已。顾以此得知钞本实清乾隆年物，向传明钞者则言者之误也。

《黄子录》外曰《北山藏草者诗》二册，题下注云漳浦门人胡梦□校，梦□先生字仁祖，而尝为之作字序者也。此诗当即胡氏之所编定，然只有五七言古、五七言律而无绝句，疑非全帙也。曰《骈枝别集》者文二册，先生自有序，亦见集中别有张绍和一序，绍和者先生之友，集中屡见先生与书、答书者也。此集明时已有刊本，盖先生早岁之作，今亦散见，陈刻内仅录存其目并张氏之序及他书后两篇而已。曰《黄石斋先生书牍》者一册，取与刻本及钞本《黄子录》相校，复多五十馀篇，当并录，补原集书类。又曰《黄文明公尺牍者》四册，较《石斋书牍》又多一百六十馀篇，此既别出一手所辑而编帙繁多，本将别行因依其原次录之，其已见刻本与钞本《黄子录》或《石斋书牍》者，则仍存其题不复录文而为注明于下，所以省手腕之劳也。

钞本全书俱未分卷，亦不著编者姓氏，似但荟萃写成，非为定本，然《漳浦集》传本绝少，此钞距今逾二百年，幸保存无缺，而余于衰暮之时犹得从容校读，弥其宿憾，谓非难能可贵者乎？故就刻本重加圈点，凡见钞本者悉以朱笔别之，又便取潘氏《乾坤正气集》、先生文集校定数字，其《正气集》有而钞本无之者，则圈用蓝笔，馀用黄笔，为便于检对也。惟刻本讳避阙文者犹多，未能厘补，姑以俟诸异日，不可必得也已。切斋钟泰校补毕识。

刘策成庄子集解补正、
庄子解故辨正合刊序①

　　庄子之学实兼承孔老两家，其于孔门则又直接子渊一脉，观《人间世》、《大宗师》篇，缕述心斋、坐忘、穷极性命蕴奥之言可见也。自刘歆、班固以《庄子》入于道家，已不能尽通漆园之旨，后之注者更无论也，古注存者首推郭子玄，然子玄多自抒其见，时与庄书龃龉，故当时有言非郭象注庄子，乃庄注郭象，其辞似褒实讥之也。

　　自是以降，注解无虑百数十家，大抵不出文章、训诂两途。以文章作解者，下至《庄子因》、《庄子雪》之伦，人知其陋也。训诂之作若司马彪等注，既多散佚不全；清儒以其治《说文》、《广雅》之功推而及于诸子，本之训诂、声音以求蒙庄真辞造语之原，虽间有所创获，顾于一书宏旨讫无阐明，此则《庄子》所谓一蚊一虻之劳者也，而其弊往往展转牵合变本文以就己意，于是明者反以晦，正者反以缪，其迷乱读者之耳目，使庄子之学益以不明于世，害殆有甚于陋者，兹可叹也。

　　泰旧读邵阳刘君策成所著《庄子集解内篇补正》，于清人说《庄》之

　　①　钟泰此序文写于1956年9月，并于9月15日寄出。刘策成即刘武先生。

误多加是正，不欲曲从，而其为书则一循旧文疏通训释，明白显露，庄叟直意失之者鲜矣，私心佩之。今年夏北游京师访君于寓馆，因纵谈孔、老、庄子之学既多契合，君复出近作《章太炎庄子解故辨正》相示，未得详阅，大意与《集解补正》略同，夫君岂好为辨者哉，盖欲发庄子幽微，弘古哲之道术，其有以讹淆是、以似妨真者，固不得以其人之名高，违其间而不为之排距也，君意亦良苦矣。

昨君书来言两书将并刊行于世，泰既喜学者得有所依循以窥庄子之门庭，而孔门颜子一脉之学其终不致于淹汩也，率不自揣量书其平日一得之见，邮致于君，固以就正焉，若曰以为君书之叙，则固浅陋所未逮。

海 沙 诗 钞 序①

　　十馀年来新人新事震荡耳目者多矣,而著之诗章,咏叹淫液,备乎情文之美,足以媲份雅,垂久远,几百不逮一二,何哉? 说者多谓今为前所未有之局,则宜有前所未见之诗以发之,若夫五、七言体,无论古、律,皆与今之语言不相称,尚辞则违实,覈事则伤文化,此作者之所以少也,余窃以为不然。

　　唐宋以来好以梵语、禅语入诗,梵语、禅语亦先所未有也,即安见其不相称哉! 不宁唯是,汉时"失我焉支"之歌,匈奴人作也,北齐"敕勒川"之歌,敕勒部人斛律金作也,若论语言岂独不相称而已,而一经点染,便化异而为同,至今读之不觉其与当时之作有何不类也。然则亦患夫不善为裁翦变化耳,苟善于裁翦变化,以五、七言句法写今日之人之事,何不能之有? 杜工部《和严郑公军城早秋》诗云"已收滴博云间戍,更夺蓬婆雪外城",滴博、蓬婆皆非唐语,工部取作对偶,色泽既未始不调,声韵反倍为震响,此裁翦变化之功力也。夫于律绝尚尔,而况歌行之可以放恣而无所拘束者乎?

---

　　① 此序摘自赵蕴安赤羽《海沙诗钞》。此书由郭沫若先生题签。

余持此论以与友朋往复，和之者固不乏人，而愧乎余能言之而未能允蹈之也。比得见赵君蕴安《海沙诗钞》，其近作意新而辞雅，肆而格严，实不啻为余之持论张目。捧诵之馀，欢喜踊跃。虽蕴安有风湿之疾，艰于握管，所作不多，然尝鼎一脔，亦足以令人餍饫矣。世自有知诗者，吾以卜是集之风行也。是为序。一九六一年十二月，岁次辛丑，钟山钟泰撰。

周 易 终 始 序[①]

　　自汉魏以来解《易》者不啻数百十家,其逸而不传者勿论矣,就其存者而言,盖有三变。汉儒主在明象,焦、京之流其尤著者也,王辅嗣起,病其支离,尽扫象数,一意说理,是为一变;至宋而《图》、《书》之说出,于是河洛之数取爻辰纳甲而代之,而易有汉易、宋易之分,是又一变;及乎有清,标榜汉学,以《图》、《书》为伪作而唾斥之,盛倡荀爽、虞翻之《易》,大弘升降消息之义,是又一变。综而论之,有得有失,夫《易》广大悉备,必欲纳于一途,则亦隘矣。

　　潘君雨廷究心于《易》者数十年,尝集《易》注四百馀家,一一为之提要,批郤道窾,以穷其蕴。既乃本其心得著《周易终始》卷,又虑读者不易明也,绘而为图以指示之,凡若干卷附于其后,比于朱子《周易启蒙》,谓之发蒙。夫书名“终始”者,终则有始,易之道也。是故以全易言六十四卦,始于《乾》、《坤》终于《既济》、《未济》,既、未济合之一乾坤也,是一终始也。以《乾》卦一卦言元亨利贞,贞下起元,是亦一终始也。是故明于终始之旨而升降消息之义、圆图方图之数,以及爻辰纳

---

　　① 此序文是钟泰先生 1972 年为潘雨廷先生著《周易终始》一书所撰写。

甲、游魂归魂之说，可一一通贯也。吾读其书不独泯汉宋之见，亦且撷各家之长，举象数、义理合而一之，易道不晦，殆在兹乎，其必传于世无疑也。

虽然，吾窃有欲效一得之愚者，《坤》卦六二"直方大，不习无不利"，当以"直方"断句，"大"字属下读，盖初爻履霜、二爻直方、三爻含章、四爻括囊、五爻黄裳、上爻其血玄黄，叶韵显然，故《象》曰："六二之动，直以方也"，亦仅以直方为言。"大不习无不利"者，习者习坎，二动为坎，则上五为离，而成未济，成未济，无攸利矣。故曰"大不习无不利"，言其不成坎也，《象》曰"不习无不利，地道光也"，地道光明，成离也，《彖传》所谓"含弘光大，品物咸亨"也，此其一。《说卦》"坎为曳其于舆也"，当连属为句，下"为多眚"当别为句。《睽》卦六三曰"见舆曳，其牛掣"，以"舆曳"为文，"舆"之与"曳"，其相连属可见也。《说卦》不曰"其于舆也为曳"，而必倒其文者，以曳者为马故，连上"其于马也而为美脊"至"为薄蹄"而言之曳者，马所曳则舆也，故特标曰"其于舆也"至"为多眚"，则与舆无涉矣。固当别起，旧注或连"其于舆也"读之，实误也，此其二。二者皆琐琐章句之细，无裨大旨。然泰山不辞土壤，河海不择细流，君其或有取乎尔！是为序。壬子仲冬钟泰谨序。

徐浩二十五史论纲序

　　自浙东永嘉之学兴，儒生治经必兼治史，盖非明于古今得失之故，不足于言经制天下也。明清以来，史学称浙东为盛，而惟江南足以抗之。若昆山顾氏，以至吾乡汪梅村先生，并能理百代之旧闻，补前史之佚厥，岂徒润色艺林，实乃裨补治道。述及末季，士趋苟简，侈为域外之谈，渐昧宪章之义，故识者每叹郑之不经，由于学之无本。呜呼，此岂非东南人士之责哉！

　　宜兴徐生振流，习政治，游苏联有年，乃归而好《尚书》、《春秋》，复取《太史公书》以下纪传、编年之史遍览之，积以岁年，成《廿五史论纲》一书。会余自嘉州返里过渝，下榻于其斋中，因出书稿以视余，并乞为序。余观其书，辨史法之异同，论史才之优劣，大略与王西庄之《十七史商榷》、赵瓯北之《廿二史劄记》为近。然编次有体，修贯分明，又复制为图表，以资审检，犹是古史之遗意。虽文字未尽修饰，其视随手缀录，钉饾成书者，则有间矣。意者史学绝而复续，国政亦将否而复泰，吾于是喜江南之犹有人也。

　　虽然，史有义有法，义寄于事，事系于法，而事则其本也。故仲尼为《春秋》，曰"吾欲托之空言，不如见之行事之深切著明也"。然则离事而言义,不可以学《春秋》;废事而论法,又乌足以治史哉！推振流著书之意,特欲使学者循以读史,习于典故,通于治乱,然后以应天下之变,不至如盲人之冥行而伥伥无所适,以此为之导耳。岂曰将此一编,遂足以尽数千年史事之本末？然不幸而有以是心读是书者,窃惧是书之为此酖毒,而振流且丛诟于无穷义。古人不轻著述,有以也夫,有以也夫！丙戌立春日,钟山老人钟泰序。

归 汉 记 序

元放之被逮入伪京也，人或惑之，吾不疑也；人或虑之，吾不虑也。不疑者，信其必不屈也；不虑者，测其必不死也。或曰：信其不屈则可矣，测其不死何说乎？曰：奸人者不惮于杀人也，盖有二焉：不杀不足以张其威，则必杀之；不杀不足以固其位，则必杀之。不然者，威不以是而张，威不以是而固，而徒负杀士之名，取天下后世诟骂。黠者固避之矣！吾闻伪府初欲以某伪职啖元放，时任是职者为某，闻之大惧，则百计媒□，欲置元放于死地，既知元放终不以是屈，其意乃安，谋亦遂沮。呜呼！使当时元放意稍一移，或且死于斯人之手矣！然则惟必死乃所以不死，其理不甚明乎哉！元放尝从余游，其婚姻之好，余实主之，今蒙难坚贞，卒得完节以返，余之望为不孤，余之喜抑可知矣。元放既与余相晤于贵阳，出其所为《归汉》一记示余，余曰：是不可不使苟生害义之伦读之也。因泚笔为之序如此。

中华民国三十二年冬十一月，江宁钟泰礽斋序于贵阳大夏大学文学院。

213

书　信

与陈铭枢书^①一通

　　泰无似，不足测公高深，然与公相处越日矣，知公仁人也。孟子曰："不仁者，可与言哉?"则于仁者，诚不可以不言。今有一言含之数日，以公军事旁午，无由面白，谨以书达，惟公哀而听之，赦其愚戆，不胜大幸。

　　窃今日有最惨毒而非人道之事二：曰拉夫，曰飞机投炸弹。然既用兵，即不能无人以供运输馈饟之役，则拉夫亦有所不得已也。抑夫者雇之有价，役之有程，虽出强迫，暂尔离其父母妻子，但使不毙于道路，不罹于锋镝，一旦事定释放，宁家不难复完，则虽惨而犹未甚毒。至若飞机炸弹一掷之下，屋之毁者不知若干人之死者，不知若干血肉腾空、骸骨灰灭，潴宫之刑无此惨，屠城之祸无此酷。死者姑勿论，幸而生者，老丧其子，壮丧其偶，幼丧其父母，屋宇无存，失其居处，仓囷荡然，亡其生计，昼号夜哭，眼枯血尽，试一思之，彼虫之者，岂非吾乾父坤母所生之同胞，何故何罪而遭此恶罚也。

　　然使军事诚必需此，则忍而为之犹可说也，以泰之愚，敌我今日胜

---

　　① 此文根据钟泰先生 1929—1930 在粤任广东省政府秘书、代理秘书长期间写与广东省主席陈铭枢的信的底稿整理。

负之形瞭若观火，投掷炸弹之举固无所取，何也？使敌乘其一鼓之气当我军缮备未周之日，长驱而下，争一日之利，则胜负未可知耳，若今者长围之势已成，坐困之形已见，益之异其主客，异其劳逸，器械异其良苦，转输异其难易，即使以一当一，我有百胜而无一败，况举数倍之众以泰山压卵之力临之，敌之崩溃，直旦暮间事，此岂犹有须于区区炸弹之助乎？倘曰吾用是以扰敌之后，离散敌之兵心，则藉飞机以散发传单开导之、晓喻之，亦自可收其效，又焉用此杀人之炸弹以波及无辜之良民哉？

故投掷炸弹于军事未有分毫之益，而于人民则有丘山之害，昨闻总指挥电令高要、四会等县，劝令城中住户即日迁出以避炸弹，则亦未尝不顾虑及此矣。顾人情安土重迁，恋于产业，牵于亲故，阻于匪盗，能迁者不过千万人中之一二耳，而敌人知吾飞机炸弹之烈，必且散居城市与民杂处，或转屯于林木茂密之地，而以少兵城守，不然则夜动而昼伏，我飞机抛掷炸弹即安从别其为民为兵，杀一兵而民之泣而殉者百数十人，毁一营帐而民居之被其累者百数十家，仁人闻之，于心忍乎？于心安乎？

然是即不必论，专以利害言之，亦非计也。夫彼高要、四会等县非广东之土地乎？高要、四会等县之人非广东之人民乎？此数县者死一人即广东损一丁壮，毁一屋即广东失一财产，故飞机掷弹，俄以施之于我满州里、海拉尔矣，俄与我异国异种固宜尔也，我亦曾施之于桂林、平乐矣，虽非异国异种，然粤之与桂，亲疏犹有间矣，今乃施之于其境内而曾不少惜此，何说乎？夫用兵之难，不难于取胜，而难于善后，博罗当十二三年之间遭刘杨之荼毒，城厢内外房屋焚毁者十之六七，户口逃亡者十之三四，今既数年矣，而恢复曾不能及半，此泰所亲见也，若如今日之飞机朝出掷一弹，曰毁屋若干、杀人若干矣，暮出掷一弹，曰毁屋若干、杀人若干矣，使所报非出于冒功邀赏，则旬日之内，高要、四会各县必且悉化为博罗，城郭夷，廛市圮，死者死，逃者逃，不知异日事定之后，将何以收拾，听之则非政，漫之则无财，人不残我而我自残之，人不戕我而我自戕之，岂独不仁，毋亦不智之甚欤！

抑泰尝闻之唯不杀可以止杀，魏襄王问孟子天下恶乎定，对曰定于一，曰孰能一之，曰不嗜杀人者能一之，此决非迂阔之谈也。今天下杀机一动不可止，仁者当为釜底抽薪之计，不宜以火益火，鼓其焰而助之焚也。且彼张、黄、李、杨诸人所以必求一逞者何哉？亦曰嗜杀而丧其不忍人之心而已，彼忍而我亦忍，彼嗜杀而我亦嗜杀，则天下视我固且与彼无别，人心迷其向背，纵今暂胜，欲以一天下难矣。

泰故知此种战略必不出公之意，自有主之者在，然公盖亦与其事矣，岂能不分其责？昔者耶律德光入晋问冯瀛王曰，今日之乱谁人救得，瀛王曰今日菩萨亦救不得，唯有陛下救得，德光因此止杀。今粤之主兵者，其仁暴去德光实啻倍蓰，诚得公言之，使杀机稍息，惨祸为舒，近以全数县之生灵，远以保一省之元气，则公之功德将与菩萨等量，非复恒河沙数所可算计矣。语云救溺者不及整冠，救焚者不辞烂额，惟公速图之。

附：陈铭枢《与钟泰书》①

钟山吾兄：

手书读下为之愀然，以飞机作内战诚属惨剧，当为有心人所不忍。弟与陈总指挥已经饬令不准投炸城市，前在梧州只投炸一枚于军队机关，后即不施。怀集之炸，亦以敌军大部适入城也。日来，前方投炸者均在路中，四会、广宁亦未炸也，此后则入战场内，其投炸者均在敌阵线，更无害天、杀害百姓矣。弟当再加嘱机师注意。此覆，并候

日祉！

弟陈铭枢顿首二日

---

① 此信有封，书写日期为 1929 年—1930 年间。信封为印有"广东省政府缄"六个字的专用信封，信封上书写：送钟参议钟山启，信纸为印有"广东省政府用笺"七个字的专用信纸。

与王平叔书^①一通

平叔吾兄大鉴：

奉手书，以忙于准备交代，未能即覆，甚歉！甚歉！主席待弟至厚，弟非木石，宁不知感激以图报？称顾问弟者再矣，始置之于省府，继委之以令长，而皆无尺寸之效，智竭力殚卒以不能不去，则其才之无当于世用，抑可见矣。夫进黜人以才，古今之公谊也。无才而不黜，而犹行之左右，以糜费国家之廪禄，其何以示大公而服四方之观听？今主座方持法以治一省，求以为全国楷式，奈之何以弟一人而自毁其法也？抑士之所持以报知己者，才与行二者而已。才者，禀于天行者，修之己，故才不逮而行修者，犹可诿曰"限于天者，非己之所得强也"。若使进退不知冒禄、不耻内外，一唯其所便，而但求善地以自居，腼认巧猾，其亏行也大矣！若是，则在弟尽丧其所守，复何持以自效于主座？而主座又安用此无实之人，以自玷其左右哉！日前省府片刻之谈想，兄犹能忆之，句句实言，固非有此矫饰也。务恳婉曲转陈，收回省府秘书成命，俾弟得早遂初服、藏拙盖

---

① 此信无封，书写日期为 1929 年 10 月 22 日。信纸为印有红色"博罗县公署用笺"七个字以及"总理遗嘱"内容的专用信纸。王平叔，王维彻。主席、主座，陈铭枢。

220

您,惠莫大矣! 卓君所求为证明书,与保送书有别,似不须呈请中央发给,并求一为言之,肃此,祗请

道安

弟钟泰顿首十月二十二日

与伯谦先生书—通

伯谦先生学长左右：

特手书并深改四十番，丁宁周挚，感何可言？泰自夏初感冒，小病浃旬，痊后时有漱咳，七月初尝一度赴沪就诊于徐医生彪南，断为初染肺病，归后日饮鱼肝油、帕勒托，为护养元气之计。而其时天气酷暑，蜷伏斗室中，又不敢出家门半步，颇以为苦。入秋后稍凉，咳亦渐愈，九月初再度往申，则待医生诊后，色然以喜，盖视昔有进。吾以此对校课不就，淡然舍去。开学后眠食消减，幸均如常。而后云楼来杭求对话党，乐趣盎然。泰虽不能出门游山，然谈笑犹昔，咳亦绝稀。云楼颇以为然，戒泰不宜用思太过而已。前时亦满以为宿疾庶几可瘳矣。固不料十月十四日云楼回苏之日，即泰咯血之时也。先是泰以咳疾既痊，不大措意，是日为诸生讲解国文已毕，尚有馀晷，因朗诵所教文一遍，泰嗓音本不正宏，重以久咳之后，何堪经此？因是诵毕又咳，咳毕吐痰，则狼藉手帕间者，故殷然之鲜血也，然喉际初未尝有腥味。乃急乘汽车入广济医院诊为肺疾，数日后又转入西湖疗养院，据院中医生言，症状尚轻，实无妨碍，仅须屏绝外事，一意静摄，二三月后当可告痊也。自入院后，已略有进境，然遵医者嘱，竟日静卧，不敢多动，冥心且

222

虑□□,自然至极,觉无聊赖时,则手一二册子或报纸以破岑寂,消永昼而已,亦不敢多观书也。

　　泰回念少小时,根器本弱,二十年前无意中亦尝咯血一口,然而后尝少进帕勒托,亦无他异。□□、公将毋笑其夸乎! 自泰病后,所任俗务,校中正请人代理,对泰薪给本该仍照送泰,泰虽以病稍稍多费,然尚不虞窘乏,承赐之款,受之则不安于心,却之又重违雅命,姑留于此以备缓急可也。泰知公亦非裕为者,以后望勿再惠款,以重公之累而增泰之不安千万! 千万! 泰□□急稍减,时或回京小住,因便就苏宇一诊,且待晤公一畅情愫,至所愿也,但不定能果否耳。黑儿秋间赴粤教书,注又及。

　　泰以医者言,不敢自握管,特命门人代笔,潦草不恭,语无伦次,请公亮之而已。末意不忘调理是真调理,泰深服膺此言,以后症状进退,窃当奉告,亦望公万万勿为泰故,过于垂念也。专此敬复,并颂

　　道安

泰顿首

十一月十九日

与徐养秋书 七通

（一）

养秋吾兄惠鉴：

顷以事往沪，尊书昨归始得见之，随向此间提出辞职，并举孔君自代。此间当局苦意相留，始动之以已往教书之情，继又责之以始终之义，后为学生所闻，亦复纷纷前来挽沮，弟百方解喻，辞舌俱穷。若系一身，不难绝裾而走，但寄孥于此，牵制实多，前书即云必费唇舌，然尚不料费唇舌如此，现去住两难，实深狼狈，不知吾兄何以教之。黄子元到京，诸承吾兄照拂，来书极为感激，惟其人乍出书房，于世故多有未谙，尤望不时予以指导，至荷至荷。此上，即请

撰安

弟泰顿首

十八日

（二）

养秋老兄惠鉴：

多日未通笺，候经台履万福，祷颂无量。兹恳者，本届敝校国文系

224

毕业生张君钧才，为苏之如皋人，雅有志于专治本国历史地理，原推暑假后升入燕京研究院，一则以北方局势不定，一则以燕京治史方法与之向来旨趣不合，以此徘徊，因思贵所藏书至富，而从事研究诸公学识皆一时之选，甚愿自备资斧在贵所研究，既指导之有人，庶途径之无误，想兄素具成就后学之热忱，而贵所又本为供给研求之地，于所请或不见拒也。如何之处，幸即赐复为叩。专此，即候

撰安

弟钟泰顿首
十七日

（三）

养秋老弟左右：

前介张生在贵所研究历史，承予收纳，不胜感激。惟住处须自行设法，张生为如皋人，京中一无亲故，无可借宿。若须赁屋而居，不独所费太多，又恐喧嚣不适于学，可否在贵所给予一席之地，不敢求安，但令寝得所而已。如何之处，仍恳即复。干渎无度，惭悚惭悚！此上，即颂

暑安

弟钟泰顿首
廿八日

（四）

养秋兄鉴：

前夕所谈《理学纪考》一书，已由该店交邮寄日，失之交臂，不胜懊惜。昨在中国书店又见书数种，另纸开上。其中《山堂考索》一书，略有抄记，价亦稍昂，然此书却不易得。弟与该店向有九折之例，一切皆可做九折计算，惟言定要否，尽十日内复信，过此则不候。望兄见信后

即复弟一信,由弟通知该店,一面兄可即派人到沪购取也,如尊处不要,亦望示知。《诗益》一书,弟或将设法自购。知行因校事闻小有纠葛,极为系念,函中便希一及之。此上,即请

近安

弟钟泰顿首

九日晨

(五)

养秋先生左右:

泰病馀荒疏,久阙音问,倾查之私北望,耿耿渐暖,比休泰耳。泰曩从王木垒先生处钞得无可大师《药地炮庄》一书,虽中有缺漏及漫漶不清处,但近已补齐。即拟付《安徽丛书》编印处重印,以可公为皖人,而此书外间流传绝尠故也。但泰钞本字太小,殊不便影印。闻贵校图书馆长刘先生亦有此书,不知此公肯见借以便摄影制石版否?不胜盼祷之至,乞公得便代为婉商之,如何?若蒙刘公慨允,则珍护之责泰当负之,于原书断不致有所伤损也。如何之处,望公商后见示为祷,多渎,千万!不安,馀不一一,即请

教安

弟泰顿首

二月十三日

(六)

养秋老兄:

春间一别,忽忽数月,暑中维动定清吉为颂为念。日前在坊间见有《璇玑遗述》一书,略一翻阅,觉颇有精到之处,他日如编中国科学史,此书似不可少。该价三元,亦不为巨。兹因小儿赴宁之便,特嘱送呈台阅。如金陵研究院购得此书,即归金陵,不然仍请掷下,弟当保存

之也。此间开学尚有数日，七月间曾往苏州一行，得见佩铮，闻金松岑先生家居无俚，颇思就一闲事自遣，不知金陵研究院事已否有人，如无人，得此公主持，必能裨益不少，偶思及此，便以奉闻，维兄裁之。此上，即颂

公安

弟钟泰顿首

廿七日

（七）

养秋吾兄左右：

奉书后当即通知董君，兹得复，以正小病，惟稍迟数日就道，不知于尊事有碍否？弟连日胃病又发，稍一伏案便隐隐作痛，不意体气之衰至此，奈何奈何。草草作复，惟谅之。即候

道安

弟钟泰顿首

十八日

与彭祖年书—通

祖年贤友：

得上月廿五日书知已调入师范学院任教，可谓素愿已偿，敢以为贺。但名义待遇现已解决否？愚以为，如待遇可资事畜，即名义不必争耳。又两小子中学已录取否？并急欲告之。彭一湖公之病全是心理作祟，①愚前函已略道及，兹又草一常简，幸为转致，并觇其阅后意思如何，望见告。生死一关，几人过得，正恐此简亦无大效也。近日又转热，把笔汗下，故不多书。(郭)晋稀念我，②正如我之念彼，如见之为我致意，极盼书来知其近况也。珍重，珍重！

山翁手言

九月二日

---

① 彭公，彭一湖。
② 晋稀，郭晋稀。

与蒋礼鸿书 二十一通

(一)①

云从贤契：

览书来，知获一掌珠，贺贺！书箱等已由内子运至舍间，并开一目录来，然字多错误，孰为我有，孰为云从者，无从辨认。最好云从能赴京一查，不然则吾春中回京扫墓，当为分剔出也。太夫人葬期闻已定，此事能速了，庶于人子之心少安耳。心叔寄《心灯录》已收到，见时幸转达，并告以此书真切爽朗，亦可一读也。草草作覆，即问

双好

山翁手言　三日夕

(二)②

云从贤契：

书来承念，甚感！然光华开课至昨日始定，故迟迟未能作复也。

---

① 此信无封，共二页，书写日期为 1947 年。内子，吴茀徽。掌珠，蒋礼鸿之女盛逊。心叔，任铭善。

② 此信无封，据钟泰《日录》，书写日期为 1949 年 10 月 6 日。驾吾，王驾吾。衡叔，郦衡叔。

上学期以蒋竹庄先生去粤海就医,中文系主任由余暂代,始意颇思将中文系办好,故斟酌各校课程与当前形势、政府方针,拟定一计划。而学生一味求新,复有一二教员和之,计划遂搁置。暑假中颇闻学生议论,嫌余太旧。上期所教《诗经》,除毕业生外不过十人,而不及格至七人之多,以此决将主任辞去,今已由吕诚之先生担任矣。《诗经》本一年课,然欲续开必无来者,乃依新章改开《历代韵文选》,学生本不多,又鉴于上期《诗经》考试之难,以为选者必少,以学校定章,不到五人,课便不开,窃疑开不成课,从此藏拙未为不好。而昨日通知本星期上课,虽选者不知有几人,其程度不知如何,又须费一番劳扰,而所得不足供饘粥,幸有一私人教学可以赡补,但求战祸不起,虽老而穷苦,愿亦足矣。兹有求者,前蒙代钞朱长春《参同契解笺》,最后有名维枢者,姓已看不出,一后跋共四页,又一契笺后叙共三页,皆破烂不可辨,原书在贤处,欲求更为补钞以成完书,不知可否? 旧钞纸甚阔大,附奉一页,后脑右须馀一寸多,纸色未必一样,但略相似便可耳。静霞就事城内,往来必甚苦,纤弱之躯尚能堪之否? 念念! 驾吾、衡叔诸公,统希代为道候。手此,即问

近好

山翁手言　中秋节

(三)[①]

云从贤契:

连接十一月廿三、十二月一日两信,所改正《管子·侈靡》篇两条甚是甚是,如此书可以付印,异日由云从校对时即为改窜可也。《韩非子》想已收到,原拟拆寄,后闻邮局新章到,照收书籍,故托人送去试看,亦竟照收。而迟两日,复将《左传补注》及《十三经注疏》数本送邮

---

① 此信无封,书写日期不详。此信书写在印有湖南蓝田"国立师范学院公事用笺"上。

局，又退还，言新章只行于本省，隔省则交通工具缺乏，照旧不收。若必寄，须作小包裹，寄费则视前又加，每包非二百馀不可，故各书只好暂不寄矣。告子之"不动心"，工夫全在两"勿求"上，此与悍然不愿自是有别，然终是"克、伐、怨、欲不行"一派，非根株尽绝可比。今且于告子之"勿求"与孟子之"勿忘"、"勿助"两语细细对勘，或可思过半耳。率复，即问

近好

泰手泐　廿一日

(四)①

云从贤友览：

前书到后即与茂公过目，并托其向经农先生关说，当蒙慨允。昨茂公来谈，经农亦颇愿尽力，但收买稿件概归编辑部负责问之，编辑部主持人则云国学稿件积压未印者甚多，目下此类书一无销路，不能再收，属代致歉意。存京书以过重，舍侄未能带沪，容后设法。此复，即问

近好

山手言　十九日

(五)②

云从贤契览：

信及劬翁和章收到，诗云"相期及见中兴年"，中兴年正恐不易见耳。"与命，与仁"，泰向曾主是说，但亦疑于文为不顺，故在大夏及贵阳师范学院讲《论语》即仍用旧注。湛翁解经向矜慎，泰所不及也。冬饮翁捐棺京中，早有书来，曾有挽章哭之，别纸录寄。所以不告劬翁者，不欲其闻此耗至多伤感，不谓其已知之也。赤水行李犹未到，以此

---

① 此信无封，据钟泰《日录》，书写日期为1948年3月19日。茂公，廖世承。经农，朱经农。

② 此信无封，据钟泰《日录》，书写日期为1944年12月18日，20日寄出。劬翁，柳诒徵。湛翁，马一浮。冬饮，王伯沆。

231

行期屡愆,焦酌之至。此问

近好。不一

泰手言　十八日夕

哭冬饮翁①

药石交情重,兵戈别恨多。匪辰豸在邑,老病雉罹罗。空有青林梦,难为东海波。惊雷闻恶耗,争禁泪滂沱。

屈指师门彦,堂堂今子张。工夫就平实,文字有光芒。君子原无死,传经实可伤。盆兰与椀茗,从此不能芳。

八载口挂壁,一朝棺附身。庞婆留后死,左女托何人。乞米犹存帖,藏书欲化尘。及门多达士,应有报师恩。

(六)②

云从贤契:

《韩非子》本拟分期寄,以邮局新章到,遂试作一包寄,不意竟照收也。迟一日复将《左传补注》送邮,而邮局又退还,谓奉总局令新章只限于本省,外者仍不能收,如寄必作小包,叩以小包价,则依新章须二百二三十元,以是遂搁未寄,且看以后新章能否通至外省再说。前寄一信至柏溪,内附致陆步青函,并嘱将两稿寄陆,至今陆无信来,不知此信云从曾收到否?望即写数字见复。又《韩非子》收到后亦希见复。子厚病已全愈,此最可喜事。国文系自老马主其事,问题日多,云从得离此亦一幸也。手此,即问

近好

泰手泐　十一月廿九日

《论语》诗四首写博一粲:

卓尔如标百尺竿,只于进处转身难。善言德行颜夫子,绣出鸳鸯

---

① 此诗书写在印有"协隆商行用笺"上。
② 此信无封,书写日期不详。子厚,钱子厚。老马,马宗霍。

后世看。卓尔

割鸡焉用牛刀功，塞耳弦歌一邑中。赢得圣师为莞尔，犹胜泙漫学屠龙。莞尔

兵农到手有安排，局促家臣久负才。忍俊不禁聊一吐，虽云率尔亦雄哉。本尔

希音绝调鼓来新，铿尔一声天地春。风咏不同三子传，眼中那复有馀人。铿尔

(七)①

闻云从静霞订婚，喜赋二绝即寄云从以贺之。

捣尽云英不作难，何言蜀道上青天。一情会使人奔走，未待红丝两足缠。

文字相知有夙因，相投事不比文君。定情何用辞人赋，但谱巫山一片云。

讱叟

(八)②

云从贤契足下：

得覆书来，知大礼告成，甚慰甚慰。兹由中央银行汇上二千元薄礼，幸勿却，道远时稽，亦幸勿怪也。两君馆事得蝉联，闻之心释。近来各大学倾轧排挤勾结已成风尚，更不可挽回，如此即战而获胜，又岂可一日安耶？仆幸得脱身其间，腐鼠之嚇可以不及，窃自庆矣。暑中时令不正，维贤夫妇饮食加意，千万千万。

泰手言　十一日

---

① 此信无封，据钟泰《日录》，书写日期为1943年10月18日，在落款处有红色私章一枚。静霞，盛静霞。

② 此信无封，据钟泰《日录》，书写日期为1945年8月11日。劬堂，柳诒徵。明两，许绍光，字明两。

劬堂先生及明两兄希代为候之。

(九)①

云从贤友：

惠览函悉，所托事当为留意，恐希望不多耳。师范大学上星期始寄来临时聘约，课程中愚所担任者不过《历代散文选》三两门，尚有一两人亦愿教此课，自度在彼亦不能久，未尝不忍改辙，谚云"八十老翁学吹鼓手不能成腔"，只益人鄙笑耳。悌儿在严州中学，薪水既薄而终日不能休止，近来信，患咳嗽久而不愈，已是肺病之徵，两孙皆病，颇思令其眷属迁沪而来此，又不知何以善其后。此等事本不欲向人言，以云从问及近况，故聊为道之，即此鄙怀可知矣。手此，即问

双安

子厚先生曾通信否？不知近何如矣。

山翁手言　廿七日

(十)②

云从贤契：

书来知《参同》原书已遗失，为之惋惜不已。查抄本被鼠啮残者连前寄末页共五页，兹将前四页裁下寄往，望暇中再为一抄，零碎者亦附入，但恐未必能汇得合耳。纸宜稍大，后脑尤须放宽，约一寸半有馀，以备装订时切割。贱况尚足支持，然至万不得已不敢累及友朋，盛意惟有铭感。手此，即问

俪好

山翁　十月七日

---

① 此信无封，据钟泰《日录》书写日期为1951年9月21日。悌儿，钟兴悌。子厚，钱子厚。

② 此信无封，书写在印有"大经中学用笺"纸上。据钟泰《日录》，书写日期为1950年10月7日。钱、姚、张三公为钱子厚、姚友琴、张汝舟。

近得贵阳一学生信,言钱、姚、张三公仍在贵阳大学任教,实慰下怀,知君亦必牵念数公,便以附告。又及

(十一)①

云从贤契:

前书问偏狭何以治之,此甚易事,知偏狭之非可,斯不偏狭即是矣,岂更有治之之方!顾亦有知其非而终于蹈之者,是无他,熟处难忘,且有忍痛难割之意为之障,抉去此障即易易耳。心叔有书来,言龙泉亦相约,已覆令就龙泉事,盖今行路至不易,入浙或能之,至湘恐财力有不胜也。《左传》一部托佩言先生带交,此间事如见佩公当知其详,未可一一也。手此,即问

近好

泰手泐　三月廿三日

(十二)②

(前残)也基本国文教本,所收亦凌杂,泰意如《易·文言》、《蒹葭》之诗、《左传·鞍之战》皆非甚难教,其难者仍在《西铭》之类。泰平生极佩服朱子"微细揣摩、零碎刮剔"之语,一文字到手,但细心反覆看数遍至十余遍,其中肯綮窾窍未有不显露者,再为之讽咏含咀,求于神味之间,便纵横贯串,言之有物矣。

吾契一向用心入细,此不必虑,但恐著于小而遗其大,求之末而忽其全,又有时自信太过,不能虚心玩索,即不免于平易处反生窒碍。苟自知其病,一力留意矫之,以其所得教一年级新生,宁有不足? 幸勿自馁,惟"下意以待人,耐烦以处事",《汉志》此两言,横行天下,人莫不任矣。心叔迄无书至,张荪籛有信来,言心叔家曾被盗,亦不知确否也。

---

①　此信无封,书写日期不详。心叔,任铭善。
②　此信无封。为残页,据钟泰《日录》书写日期为 1944 年 5 月 16 日。心叔,任心叔。

渠有老母在,不敢邀其出外,然此后生事亦极是可虑耳。两稿盼仍寄交陆步青,别有一函并前函一并寄去,若能面见一谈似尤妥,惟酌之。秋凉,千万加意摄卫!

泰手泐　十六日

(十三)[①]

云从贤契览:

今早吴林伯由重庆来,言师范学院各系俱并入文学院,惟留教育、体育数系,裁撤各员至数十百人,吾契事不致有问题否?此间消息隔阻,又不知先修班存废如何。吾契婚事已否举行,刻在何处?前寄一函索在蓝田所作《元日诗》,久久无复,极以为念,泰因湛翁见留,暂在书院任协纂,襄助刻书,昆明之行俟秋冬间再说。吾契与子厚通书信否,如不得已,贵州大学或可暂为栖止,好在东归不远,艰困亦只短期耳。暑中诸维珍重。

泰手言　七月廿七日

劬翁及许君代为问候。

(十四)[②]

云从贤友:

久不闻湖上消息,书来藉悉一二,亦稍尉也。静霞虽出院,然恐失血稍多,尚宜静养,中医以当归为妇科圣药,不知曾服过否?愚前月回里扫墓,未及两旬便为史馆促归,连日会事不断,故书来未能即覆。暑中拟到武林一游,而得主人言,食宿诸多不便,以此颇为踌躇,一时见面正不易耳。

---

① 此信无封。据钟泰《日录》,书写日期为 1945 年 7 月 27 日,寄出日期为 1945 年 7 月 28 日。湛翁,马一浮。劬堂,柳诒徵。许君,许明两。
② 此信无封。书写日期亦不详。

诸旧交并乞致候,不多渎。

山翁手言　廿二日

(十五)①

心叔、云从两贤全览:

愚返沪已十日,到沪后走访石公,适马湛翁游苏回,在其坐中,因得谈论半日,不得不谓巧遇也。"三家村"一案也,及北京大学,而上海音乐学院继之,昨闻复旦与华东师范又复纷纷揭露多人者,杭州大学亦未能免,愚本欲来湖上一看荷花,今决止矣。傥开会馀闲,示我数字,俾得知虎林近况,幸甚。连日收拾携归书物颇劳苦,因迟迟至今始通一信,然心固时时徘徊于大小山间也。

瞿翁、驾吾并望代候,浙热,维珍卫。

静霞想全康复矣。

山手言　六月十日

(十六)②

云从贤友览:

前由悌儿在贤处挪借三十万元,屡拟归还未得,甚歉! 兹由邮局寄还,收到盼即复数字。暑前原与心叔约来武林一游,兹光华归并师范大学,愚本学期挂名图书馆主任,图书即须清点移交,非留此督促不可,杭行只好暂罢,此后行止如何,刻亦难定,欲如曩寓建德时之清闲潇洒,恐不可复得耳。韵霞并此问好。不备。

山翁手言　廿一日

---

① 此信无封,共两页。据钟泰《日录》,书写日期为 1966 年 6 月 10 日。心叔,任心叔。石公,尹硕公。马湛翁,马一浮。瞿翁,夏承焘。驾吾,王焕镳。静霞,盛静霞。

② 此信无封。据钟泰《日录》,书写日期为 1951 年 7 月 21 日。悌儿,钟兴悌。心叔,任心叔。韵霞,盛静霞。

237

(十七)[①]

云从贤友：

航空信收到已多日，当将天五略历交与佟所长矣。惟所云《杜诗选注》及《永嘉学派论述稿》，至今未见寄来。前数日得天五信言，已入京而书稿不到，延聘事即无由定夺，不能不为之焦虑。究竟书稿交邮与否，望云从即为查询见覆，幸勿迁延。手此，即问

俪祉

山翁书　廿四日

(十八)[②]

云从贤友：

前日得心叔书，知静霞举一男，可贺可贺！愚辞职已获准，上月中旬曾返宁一行，归来十日矣。瞿翁闻早移居江上，拟求其书一横幅，约二尺阔、四尺长，不知能见允否，便中希代一叩。声越久不相见，归沪后几于杜门矣，菜羹之味□□甚美，可转告心叔知之。草草不尽。

山翁手言

(十九)[③]

昨闻人言，心叔又因病住院，病情如何，又是何医院，入院许久，并

---

① 此信书写在"中国人民邮政明信片"上，明信片正面书有"浙江杭州　杭州大学中文系　蒋鸿礼先生　长春东北文史研究所　钟"。据钟泰《日录》，书写日期为1962年5月24日。明信片上盖有邮戳二枚，寄出日期为5月25日，到达日期为5月29日。天五，吴天五。佟所长，佟冬。

② 此信书写在"中国人民邮政明信片"上，明信片正面书有"杭州闸口　浙江师范学院（前之江大学）　杭州大学中文系　薛(蒋)礼鸿先生　上海钟寄　四月五日"。明信片上盖有邮戳三枚，寄出日期为1952年4月5日，到达日期为4月7日。心叔，任心叔。静霞，盛静霞。瞿翁，夏承焘。声越，徐声越。

③ 此信书写在"中国人民邮政明信片"上，明信片正面书有"杭州闸口二龙头（前之江大学）师范学院　蒋礼鸿先生　上海山阴路东兆里钟寄"。据钟泰《日录》，书写日期：1953年3月12日。心叔，任心叔。悌儿，钟兴悌。静霞，盛静霞。

盼详细见告。愚自悌儿到沪就得卫生干部学校事后,景况稍佳,贱体亦稍似较去夏为胜,然除不废读外,亦无善可告。

云从功课忙否?静霞在图书馆想尚如意,所识诸公料皆安好,见时幸一一致意。此问

贤夫妇好

山翁手言　十二日

(二十)①

云从贤友览:

心叔病况如何矣?久不得消息,极念!愚春来馆事稍忙,又为友人所邀往常州数日,归来触寒,时小不适,虽无大碍,然以此亦悼于行旅,湖上重来正不知何日,酷望得知心叔病中实情,幸惠我数行为盼,本欲迳函心叔,不欲令其劳神作覆,故婉转出此,想能知我意也。手此,便问

俪好

山翁手言　五月二日

瞿翁诸公并此候之。

(二十一)②

云从贤友:

来信于山上事言之甚详,皆所欲闻亦所乐闻也。心叔前有来沪之说,今殆不来矣,吾于重阳后或一游杭,山上有下榻处否?悌儿事较东阳待遇所高几一倍,然沪上用项亦较增,小儿女三人,每期学费须六十

_____

①　此信书写在"中国人民邮政明信片"上,明信片正面书有"杭州六和塔浙江师范学院蒋云从先生　上海钟泰寄"。据钟泰《日录》,书写日期为1953年5月3日。明信片盖有邮戳二枚,寄出日期为5月4日,到达日期为5月6日。心叔,任心叔。瞿翁,夏承焘。

②　此信书写在"中国人民邮政明信片"上,明信片正面书有"杭州六和塔浙江师范学院蒋礼鸿先生　上海钟寄"。据钟泰《日录》,书写日期:1953年9月17日。明信片盖有邮戳数枚,寄出日期为9月17日,到达日期为9月18日。心叔,任心叔。悌儿,钟兴悌。

万,亦正不易对付也。吾自八月起,文史馆月送五十万,此后生事当稍舒,此事本已不作指望,而忽得之,其中曲折见时再当细谈。龙女仍在棉湖,一时不能出也。今夏之热为平生所未经,踡蹐斗室如坐蒸笼,其未大病者真侥耳。山上诸公望各一一问好,草草作覆,即问

　双好

山翁手言　十七日

与宗伯宣书 四通

（一）

伯宣老弟同学鉴：

一别忽忽逾月，近况如何，甚以为念。以彝闻又发病，不知已愈否？罗静轩想已出院，病后调理不易，如有艰难，可代送一二十金以助之，此事可从杨氏或王循序处探听，此托！老夫子语录至今未能着手，此事恐将待至明年矣。长春天气渐寒，早晚须着棉衣，今方为国庆大典整顿市容，上海想亦当尔。学习事仍常否？出入寒暖，千万保卫，不尽区区。

泰顿首　九月十五日

（二）[①]

伯宣老弟惠鉴：

连奉三书，学诗之勤乃至此耶！平仄不调固是一回事，体物下字似更不可不留意也。如"轻抹炊烟"一联，意思甚好，下句写雾极切，若

---

① 希鲁，陆希鲁。

上句则不无语病，盖下一"轻"字，炊烟与雾便将分别不清，说他何意？今改用"浓"字，再着一"拖"字，便觉是在雾中所见，藉炊烟以形雾，不是闲语矣。又如"虎犬同室"句，事之可异，全在其同处，去此两字便无意义，故稼生改文虽顺，而仅不若原作之意之真，此等处皆须细细研求，不然不能透彻也。改作附缴，如有疑可更来信商酌。泰半月以来参加反对修正主义学习会议，日听传达中央学部扩大会议报告，知道了不少事，上海各处传达农村工作事，虽不同用意，却是一般，总之走社会主义道路，决不能倒退也。希鲁何时来上海，请为我代送十元助其往来川资。聚会时如有所闻，仍望以转告。端覆，即颂

潭福

　　　　　　　　　　　　　　　泰手启　十二月卅一日

诸同学见时并为致意。

又赐书但写"同志街廿五号"，不必写"研所宿舍"，因邮差偷懒时便丢在研究所，转耽搁矣。

（三）

伯宣老弟同学赐鉴：

　　惠书悉奉，南京防震始于上月十九，泰被迫在附近学校操场度夜者两次，次夜遇雨，遂得放回。本月一日大风雷电，初纷传警报，俄果警报大鸣，旋通知乃交雷电影响，电线搅乱所致，人心乃定。然家人露立风雨中已淋漓不堪矣，余适在龙珠小女家食面鱼，儿与女婿王子慧安坐未动，雨亦旋止，遂归家就寝。始传地震中心在扬州，而扬州来信云地震有之，人初不觉；继又传地震中心在三泰之间，_{泰州、泰兴、泰县}若如是说，则去江南益远。今防震已半月而卒无事，意者其可免乎？当此最要镇静，即震，房屋未必倒塌，即倒塌，从容离之亦来得及。南京一闻传说匆匆跳楼，因是死伤不少，可以为戒也。尊寓空旷，屋亦低矮，决无虑；建德新村稍拥挤，然屋亦不高，亦可安

心耳。此覆,即颂

秋安

（王）子民贤夫妇处烦代达,不另致书。

泰顿首　九月四日

（四）

伯宣老弟同学惠览:

得十五日书,在弟句句出自肺腑,在泰则声声打入心坎,朋友切磋之益固有在文字语言外者,于此益信之矣。此间有一月假期,并有友人属办之事须为料理,决意回南一行,在沪可得一旬半月之留,足以畅叙一切,先此布达,想诸友好必乐闻之也。即颂

潭福　不一

泰再顿首　卅日

与蔡元湛书 六通①

(一)②

湛翁先生赐鉴：

奉书承入冬以来未尝咳嗽，此肺气肿已愈之证矣，闻之欣慰无比。我辈皆在暮年，病痛在所难免，想今日年轻者皆有工作，妇女亦然，以是家无闲人，老者且须料理家务，假令久病，沉绵床褥，己身固苦，亦将累及家人，不得宁息，故寒暖饮食不得不益加谨慎耳！贱躯托庇□适，南京最冷之时多在旧历正腊月间，今尚非太冷，或云今年将大冷，或云今年冬天好过，冷在明春，究不知如何，到时自知，过承关注，谢谢！专此奉覆，即颂

安吉

弟泰顿首　七五年十二月九日

---

① 蔡元湛（? ——1980）：江苏吴江人，早年参加革命，为国民党吴江县第五区党部第二分部常务委员，曾在震泽丝业公学任职，后任上海救济局律师、上海南市民众教育馆馆长。曾与柳亚子、邵力子、赵朴初等人交游共事，其后遭际迥异。中华人民共和国成立后在"反右"斗争中被错划成右派，"文革"后落实政策得以平反。

② 此信无封，书写日期为1975年12月9日。湛翁，蔡元湛。

(二)①

湛翁先生赐鉴：

得廿日书，知叶君《坛经》尚未送还，比即又去函催促，闻其肝病复发，未来送还或以病故，如一期内尚未送至，则不得不烦先生自去索讨矣。叶君广文住愚园路五三二弄六十一号，一进门楼下便是，或令世兄一去亦可，即以此函为凭可也。《坛经》为禅宗第一宏卷，指明心要，莫以为切。来书所云峨眉佛光，实则光学作用，如虹蜺月晕然。病中闻呼名，亦是心里反应，其禅下皆所谓光彩□头，认以为实有，便是大病，其去明一见性远矣。承□函见询，不敢不以实告，先生学佛法多年，宁不知"三界唯心，万法唯识"乎？初夏骤热，几与伏中相等，千万珍重，千万珍重！

弟钟泰顿首　五月廿六日

(三)②

元公赐鉴：

前函久稽未覆，方深歉疚，续奉书来，公之虚心可谓至矣。而于不肖，奖借太过，责望太深，以不肖浅薄，何以裨益于公哉！贫□衣殊匪从外得此，公所知也。然则公亦反自求之耳，奚假汲汲皇皇咨诹于人为哉。昨书云上半夜入睡两三小时，后半夜起床做功课，直到天亮，公一日三餐皆自料理，劳亦至矣，而夜半复勤苦如此，此甚非老年所宜也。若以为学论，似亦不须如此，记《四十二章经》有云，沙门夜诵佛遗教经，其声悲悲思欲悔退，佛问之曰：汝昔在家曾为何业？曰：爱弹琴。佛言：弦缓如何？对曰：不鸣矣。弦急如何？对曰：声绝矣。急缓得中如何？对曰：诸音善矣。佛言沙门学道亦然，心若调适，道可得矣，于道若暴，暴即身疲，其身若

---

① 此信无封。书写日期为1974—1975年间。湛翁，蔡元湛。
② 此信无封。书写日期为1974—1975年间。录自上海朵云轩拍卖有限公司《2015年10月四季九期拍卖会图录》。元公，蔡元湛。

疲,意即生恼,行即欲退矣,但清净安乐,道不失矣。愚知公心无思悔欲退之心,亦必不生恼,然身则终不免于疲,身疲即非急缓得中之道处,决不能调适去清净,安乐则远矣。公信佛,此语不可不深念也,窃敢以此一段经献,即以报公不惮下问之勤。挥汗作书,不能尽意,惟谅之。即颂

道安

弟泰顿首　九月十日

(四)①

湛公先生赐鉴:

奉书承垂注,极感!先生所以为泰谋者厚矣。顾泰自去冬以来,腰□受伤,虽不致痿痹,而行走不能自持,以是颠蹳者数矣。三次在里巷,三次在户内,跬步之间,需人左右扶掖,似此能返至上海乎?友朋书札往来,秘之不欲陈述,盖徒劳爱我者驰系,而于病者无益。人老而衰,衰者不免若此,愿先生闻之亦勿讶也。至南京大宅信,如所言,记儿时闹热,先母诫之曰:"定自然凉。"奉此经历数十酷暑,安然度过,今老矣,犹时得此语之力,亦愿此相赠。若热后冷饮或非肠胃力弱者所宜,幸能自度之,慎之!此覆。

弟泰顿首　十三日

(五)②

湛公先生赐鉴:

奉到廿五日手翰,知秋后兴居佳胜,极以为慰。公习太极拳,泰早

---

①　此信有封,信封上书写"上海山阴路东兆里四十四号　蔡老先生元湛安启　南京钟寄"。书写日期为1974—1975年间。此信录自上海朵云轩拍卖有限公司《2015年10月四季九期拍卖会图录》。

②　此信无封,书写日期为1974—1975年间。录自北京宝瑞国际拍卖有限公司《2016年春季艺术拍卖会图录》。此信为夏治淦先生收藏,题有边款:"钟泰,白下人,号钟山,一字待庵,精研哲学,所著先秦诸子研究著作甚多。"并钤印"夏治淦"。湛公,蔡元湛。

知之,而如来翰所述细微曲折,一一如指掌,则未之前闻,信公于此道深矣。泰未之能学,然亦尝闻之人言,太极拳不独不用力,亦且不得着意,盖外功而兼有内功之意,故此虽属口声边事,若通其意,亦可彻法身,与禅定无二道也。尊见以为何如? 贱况如旧,天凉后可任意散步二三里,孟氏言,苦其心志,劳其筋骨,筋骨须劳,惟是年迈,过劳则不胜耳。国庆节近,而南京蔬菜供应不足,殆以气候不调之故,上海当较好,素食者需此尤急也。有覆,祇候

道安

弟泰顿首　廿九日

(六)[①]

湛公先生尊鉴:

正拟修书问候,奉四日手谕,闻贤父子先后患病入医院,而令郎大慈病尤恶。今虽已愈,然不能不念也。大抵春秋之交,人最易病,饮食寒暖,一不注意,病即乘之,令郎方在壮年,体力素强,故病未久即愈,不然殆矣,以此知不可不慎也。今秋后转热,盖俗所云秋老虎,然热在午后,清晨夜间尚可支持。贱躯托庇,粗适抵是,精神日退,饭量亦减,是乃年老常态,然药力所能奏效,安之而已。返沪之行,时在拟议中,究竟能否成行,殊不敢草草覆奏。即颂

秋安

泰顿首　九月七日

---

① 此信有封,信封上书写"上海山阴路东照里四十四号　蔡老先生元湛安启　南京钟寄"。书写日期为1974—1975年间。录自中国嘉德《2015年秋季拍卖会图录》。此信曾被夏治淦先生收藏,题有边款:"钟泰,南京人。治诸子之学,著作等身,《庄子发微》、《中国哲学史》皆得意之作,此札蔡兄元湛所贻。"信中盖有夏治淦钤印"夏注"。

与家人书 五十六通

(一)①

斌孙:

信与粮票并收到。天冷流鼻涕,自是受寒所致。向来怕穿衣服,以故如此。若是棉衣太薄,我楼上尚有棉花一斤,挂在前房墙上,另一包乃是木棉,豫备装枕头的上。我暂时用不着,给你添上可也。陶家房租如此办很好。告诉你父亲,若看到瓶装牙粉,以及四五角钱一两的安徽六安茶或徽茶,可以买上半斤几两放在家里。茶叶末则不要。此地最贵的是茶叶,一元两元一两的都吃不得,不能不打个后路。还有一事,前回任先生送来马老先生代我题的《庄子发微》书赠,此书稿子由上海人民出版社寄来,要我标点断句,我已断句了寄回,看来此书可以出版。你父可即将此书赠送至绍兴路五十四号该社徐新元同志,与他说明,将来出书即用此作签题,顺便问他此书何时可以发行,写信覆我。我在此甚好,室内已提前送暖气,反比上海冬天暖,室内温度总

① 此信有封,封上有戳记,共三页。寄出日期为 1962 年 11 月 9 日,到达日期为 1962 年 11 月 11 日。封面上用毛笔书写"上海山阴路东照里六十八号　钟斌收启　长春同志街廿五号钟寄"。

保持在华氏五十度上下,外边亦不过冷。听说吉林下了雪,此地尚未也。信内有为你留的邮票,兹一并封回。武孙我这里亦久无信,有信便以告我,顺便问你六伯与童叔叔好,大家留意身体要紧。

祖父字　十一月八日

(二)①

亦韵岘媳:

上次一信想早收到。兴悌近来回家过没有? 你身体已渐渐复元么? 前信说可配点膏子长服,曾问过医生么? 饮食怎么样? 吃得太多固不好,你似乎吃得又太少,买点食母生助助消化何如? 有暇望时来信,免我悬念。我粮票已用完,十二月份粮票望即寄来。武、斌两孙近俱有信,都说很好,你可以放心。粮票若能连明年一月的寄来更好。此信到望即覆,如兴悌最近不回家,可寄他一看。祝你健康!

山翁　十二月六日

(三)②

斌孙:

我于二十日回上海。汝母已于昨日随汝舅父乘车去杭转建德。我在上海停多少日子,须看情形而定。阅汝寄汝母信,知汝在部队甚好,极慰。青岛河南路三十八号吴寿彭老先生,去年有信来,我因病未覆。今右臂酸痛,握管为难,更怕写信。汝有便至青岛市,可至河南路代我问候问候,并将老先生身体情况告我。此嘱。

祖父字　廿五日

---

① 此信书写在明信片上,片上有戳记,寄出日期为 1965 年 12 月 6 日,寄到日期为 1965 年 12 月 9 日。片上用毛笔书写"上海山阴路东照里六十八号吴亦韵同志收 长春东北文史研究所钟寄"。

② 此信书写在明信片上,片上有戳记。寄出日期为 1967 年 11 月 27 日,无到达戳记。片上用毛笔书写"青岛流亭四一四二部队三〇五信箱　钟斌同志　上海山阴路一三三弄钟"。

249

(四)①

斌孙：

十七晚信收到。文想早到青岛，你如随他回上海，望你来信告我。我回南京乃是不得已，实在上海住惯了，如牛奶、面包之类还是上海方便。武来信说，他工作派定，他还想接我回上海住，到时再看罢。不过夏天是一定在南京过的了。南京今日省市成立革命委员会大游行庆祝，我要出去看，不多写了。望你保重身体！

祖父字　廿三日

(五)②

斌孙：

上月十七号信早收到，因无甚事，所以未即覆。南京上月天时不正常，暴暖骤寒，很难调摄。所幸我与奶奶都未致病，不知青岛如何？你在外尤宜留心寒暖，万万不可大意。南京秩序如常，只是日用品，如火柴、牙膏之类，缺乏而已。

祖父字　五月三日

(六)③

悌儿：

信款并收到。房租如你所说，已开一条子附去，你与三楼接洽可也。我此两月来体内时觉不快，也未敢与汝母及培孙等说。大抵人过

---

① 此信书写在明信片上，片上有戳记。寄出日期为 1968 年 3 月 23 日，无到达戳记。片上用毛笔书写"青岛流亭四一四二部队三〇五信箱　钟斌同志　南京钟寄"。

② 此信书写在明信片上，片上有戳记。寄出日期为 1968 年 5 月 4 日，无到达戳记。片上用毛笔书写"青岛流亭四一四二部队三〇五号　钟斌同志　南京中山南路四三八号钟"。

③ 此信有封，封上有戳记，共三页。寄出日期为 1968 年 5 月 24 日，到达日期为 1968 年 5 月 25 日。封面上用毛笔书写"上海山阴路东照里六十八号　钟兴悌同志启　南京中山南路四三八号钟寄"。

八十,俗语说瓦霜风烛,变化的快,此亦自然规律。真所谓不以人的意志为转移也。南京席子买不到,我有一床席子,看家楷能不能带来。告钟武留心身体。

父字　五月廿四日

　　王同志：我因身体不好,一时不能来沪,自三月以后房租,请交次儿兴悌同志,或亦韵儿媳代取。

钟山手启　五月廿四日

玻璃橱有《荀子集解》六本一卷,又黄皮鞋一双,记在黑书箱下柜内。

(七)①

斌孙：

　　来信说常发风疹块,疑是蛔虫作害,正服打虫药。不知虫曾打下否？多不多？甚念！据我所知,一般蛔虫药在人腹内,为期不过年馀,便自死去。只是不再让蛔虫子下肚,所以洗筷最好不经生水,以绝虫的来源。至风疹块,自然由消化不良来,此层也须注意,以后望来信说知。牙膏我一向不用,我是用牙粉的。我不吸烟,火柴也用不着。前信不过如此说说,以见下层未能全照。毛主席指示办事,现在正发起落实,毛主席指示的运动,以后可能也必然底好起来。有困难暂时克服好了。顺便提一提干酵母片或者食母生,青岛能买到否？如能买到,你不妨吃吃看,就是助消化的。又若买的不费事,也可替我买几百片寄来,款暂垫着。因为南京上海久已断当了,天气又热起来,简直不亚于六月。心望你千万注意寒暖,要紧。上海来信,文十号左右回京再转内蒙,现在可能还在北京。

祖父字　十九日

---

　　①　此信有封,上面印有毛主席语录。封上戳记模糊不清,无到达戳记。封面上用毛笔书写"青岛流亭四一四二部队三〇五号　钟斌同志收启　南京中山南路四三八号钟寄"。

(八)^①

斌孙：

得信，知服中药后，风疹块已好了不少，甚慰！想药仍继续服，暂不可停。酵母片不用在青岛找，上海仍买不着，青岛自不会有也。你所刻的主席像章，如不限定军队用，一般人可以佩带，可以寄一二枚来。武近亦有信来，只是文去蒙古后，始终无信，自是工作难得空，亦是提笔不易耳。我前些时咳嗽很久，现总算好了。在上海住惯楼上，南京平房终嫌潮湿，以此更想念北方，即青岛也好多矣。不多写。

祖父字　十六日

(九)^②

斌孙：

信收到。风疹块不足虑，只是常常失眠，却不可不注意。有医生说"睡觉比吃饭要紧"，此是实情。一夜不睡，第二天人就没精打采，吃饭也不香了，我闻此甚不放心，望你不必多思虑。你妈就是思虑多，所以闹失眠，你应当以她为戒。像章既是信寄常失落，即不用寄，以后有便人，带一两个来好了。现在人多不讲道德，视盗取他人之物，不算一回事。况主席像章大家更当作宝贝，以为这正是热爱主席的表现，不能算作盗窃。所谓共产风便是如此，可笑亦可叹也！我咳嗽已全愈，不必记挂。得空即来信。

祖父字　建军节

---

① 此信有封，封上有戳记。寄出日期为 1968 年 7 月 16 日，无到达戳记。封面上用毛笔书写"青岛流亭四一四二部队三〇五号　钟斌同志启　南京中山南路四三八号钟寄"。

② 此信有封，封上有戳记。寄出日期为 1968 年 8 月 1 日。无到达戳记。封面上用毛笔书写"青岛流亭四一四二部队三〇五号　钟斌同志启　南京中山南路四三八号钟寄"。

（十）①

斌孙：

连接两信，知你今年可以复员，并且要到南京来看我们，我和奶奶都很高兴。像章已收到，南京的部队，似乎也带的是这种。只是你失眠靠服安眠药，我很不放心，安眠药不能常服，常服成了习惯性，也就无效。况且这种药，都于消化有害，决不能多服。大半失眠是精神的作用，精神安定，到时自然睡得着。中医治此病，多用安神的药，是很有道理的。桂圆就是安神的良药，你可以每天睡前吃七颗至十四颗，这比安眠药好。又睡下不要思前想后，把心放下，如不得已，就默默的听自己的呼吸，呼吸平静，就是要睡的徵兆了。你要的照片，先将奶奶的一张寄去。我近来未照过像，候天凉些，去照一张寄你便是。一切小心保重。至嘱。

祖父字　八月十一日

（十一）②

斌孙：

近来眠食如何？甚念！前几日家梅为我拍得一照，兹寄给你一张，人是瘦了，但精神还算好。现无他苦，不过常常大解为难，须用开塞露通之，麻烦极矣。南京天气渐凉，早晚并须穿夹衣，不知青岛如何？无事望你来信。

祖父字　九月廿七日

---

①　此信有封，上面印有毛主席语录。封上有戳记。寄出日期为 1968 年 8 月 12 日，无到达戳记。封面上用毛笔书写"青岛流亭四一四二部队三〇五号　钟斌同志收启　南京中山南路四三八号钟寄"。

②　此信有封，上面印有毛主席语录。封上有戳记。寄出日期：1969 年 9 月 27 日　无到达戳记。封面上用毛笔书写"青岛流亭四一四二部队三〇五号　钟斌同志启　南京中山南路四三八号钟寄"。

(十二)①

我与十伯伯于前晚准时到达下关,梅、拱两人来接,到家不过十点。上海家中少人照料,你们每日可早些回来。前房窗下缸内有炒米,过间放热水瓶后磁罐内有糯米,趁夏天前吃了,不要放坏。各邻舍为我谢谢,未能一一辞行。望常来信。

祖父字　十七日

(十三)②

斌孙:

廿七日信早收到。我答应赠送张志良的书是《罗念庵集》,因此书我有两部,所以送他一部。《陈白沙集》收回很好。陈晏住处是石门一路一○二弄八号,《史记》该已送来,如未送来,可到他家一取。此书取回,不必放在原来箱内,可放在楼上玻璃橱中,不由家榕就由王继周带与我。《汉书》是叶广文借去。吴林伯屡次寄钱与我,以前国立师范的学生,现在湖北师范专科任教,他想接收我的书,《廿四史》是其中的一部,说不定何时来取。如蔡老先生来借,可说与他,暂将《后汉书》借他一看。此时书不易觅得,卖与公家不值钱,可是要买买不着,旧书店有时有,也贵得很。所以希望你好好为我保留,把书箱一起放在楼下,全搞乱了,要查一时也查不出,这不知是哪个的主张。来信说上海蚊子多,睡不好觉,记得我有蚊帐,原放在三楼木橱内,何不取出张挂。南京蚊子很少,蚊香也难买,好在去年还剩有些,有蚊子时便点一点。你弟兄两人婚事如何,下次来信望提一提。粮票盼即寄。手此,即问大家好。小潘平想很好玩了。又蔡先

---

① 此信书写在明信片上,片上有戳记。寄出日期为1973年5月17日,到达日期为1973年5月18日。片上用毛笔书写"上海山阴路东照里六十八号　钟武斌同志　南京钟寄"。

② 此信无封,日期待查。

生借《后汉书》,可分二次借给他。

(十四)^①

斌孙:

　　我本拟日内来沪,因肚子不好,在车上种种不便,不得不推迟。望仍将本月粮票即寄来,免汝伯母催索。又袁老先生曾借去书两部,我急于要看,望即到多伦路十号向袁老先生索回。你如不得空,即令武去一趟。不日将有便人来,即夹其带宁。家中想俱好,汝弟兄切须注意身体,要好好休息! 至嘱!

祖父字　六月七日晨

(十五)^②

梅孙:

　　你动身之晚暴风雨,路上没受到阻碍么? 我住房又漏了,黑暗之中无法看出,以致帐子被丢塌下泥灰打坏,褥子弄得一塌糊涂。上海我还有一顶旧帐子,在三楼橱柜里,千万带来。又袁老先生还来一本《易本义》,问斌。亦必带来。此次暴风雨,不知上海有否受到影响? 南京至今电灯未修复,听说江里翻了船。望此信到后,先覆我一信片,免我挂念。金山近海,叔叔有信否? 并念念。

祖父字　十九日

---

　　① 此信有封,封上有戳记。寄出日期为 1974 年 6 月 8 日,到达日期为 1974 年 6 月 9 日。封面上用毛笔书写"上海山阴路东照里六十八号　钟斌同志启　南京中山南路四三八号钟寄"。

　　② 此信有封,封上有戳记。寄出日期为 1974 年 6 月 19 日,到达日期为 1974 年 6 月 20 日。封面上用毛笔书写"上海山阴路东照里六十八号　钟斌同志转交家梅启 南京钟寄"。

（十六）①

斌孙：

　　前信言将于五月初来宁看我，我亦很想看到你。只是北京家栴的小儿子带来南京，前日家榕出差到南京，又带她的小女儿同来，看来将有月馀耽阁，已是挤得很，你来睡的问题不好安排。所以写信告诉你，暂时不必来，我看五月后，若是精神好，或须来上海过夏。并将书籍理理清。见面也就不远了，如有事尽可来信说。日前武来信，说婚姻有点眉目，很盼望你两人将这事早点解决。另有一信与前面蔡老先生，望信到后即送去。近来天气不太正，千万留心身体，要紧要紧。

祖父字　廿二日

（十七）②

　　《鹤泉集杜》四本抑六本、《采菽堂古诗选》廿四本、《柳子厚集》两套以上三书皆在进门书箱内。《会稽先贤传》有图，四本，有夹板、《礼记笺》八本，非王闿运的、《肇论》两本以上三书皆在原来我楼上长黑衫箱内。《中国哲学史》一本，红壳子、《书目答问》一本，有套、《李太白集注》两夹板、《帝京景物略》一夹板六本、《词律》一部八本以上四书皆在原来楼上楠木书箱内。《后汉书》两套，在后楼玻璃书橱顶上、《华严经合论》两夹板，在三楼书箱内、《阅微草堂笔记》八本，同上以上各书放入小方书箱内托运。若箱内放不下，《柳》《肇》集可暂阁。《古逸丛书本》、《杜工部集》亦在楼下进门书箱内，包好随身带来。又《植物名实图考》共金、石、丝、竹、匏、土、革、木八集。散在楼上楼下，并归一处，放在楼上书橱顶上。又湖北局本《百子全

书》一部，记有部分在楼上原来书桌上，全书在橱房间书箱内，应并归一处，无须散失。

（十八）[1]

　　王继周带来各书俱收到，在你房里两排玻璃书橱内，靠门一边橱。内有《陈白沙集》一部，曾被张志良借去，已否归还，我记不清楚，你查查看。在不在，复我一信。又楼下廿四史《史记》是陈晏借去，我有信要他送还，还来时仍旧放在《史记》箱内，我不久要查看的。家中大小想都好，入秋后天气渐凉，你须留心不要贪凉。要紧！

祖父字　十四日

（十九）[2]

　　十天前有一片寄你，要看看楼上玻璃书橱内一部《陈白沙全集》，书头有字，夹板全。有没有？查过否？又陈晏借去《史记》有否还来？这书我要审阅，有妥便，即托他带来，可与家榕联系。八月快了，九月以后粮票望早寄来，我一时未能回上海，多寄几月来，免临时催索。四十四号蔡老先生来信要借《明史》看，此书在三楼，他曾借看过几本，问他要第几卷，陆续查出借与他。楼下《廿四史》，南京有人要买，不要动。此嘱。

祖父字　廿五日

（廿）[3]

斌孙：

　　十二日信收到。胎盘片叶广文先生已代买得十瓶，现亲送来，价

---

　　①　此信书写在明信片上，片上有戳记。寄出日期为 1974 年 9 月 15 日，到达日期为 1974 年 9 月 16 日。片上用毛笔书写"上海山阴路东照里六十八号　钟斌同志收 南京钟寄"。

　　②　此信书写在明信片上，片上有戳记。寄出日期为 1974 年 8 月 26 日，到达日期为 1974 年 8 月 27 日。片上用毛笔书写"上海山阴路东照里六十八号　钟斌同志收 南京钟寄"。

　　③　此信无封，日期为 1974 年 9 月。

钱若干，即由汝代付还。继周说有同人来南京，若箱子可带，即将《史记》并胎盘片，又书桌抽屉内有我手抄《箴铭一束》一本，共放入箱子里。如嫌箱子难带，即将书、《箴铭一束》并药先带来，箱子以后再说。可与继周商量办理，如带箱子，则当由继周送到车站，并先来信，好着人到下关去接。办妥即覆信，勿误。天气渐凉，告大家好好保重。

祖父字　十五日

(廿一)[①]

斌孙：

两天前曾有一信，与你发信时，先后同时，发信后必已见到矣。粮票如数收到。蔡老来借《二十四史》，先借《后汉书》，不妨告诉他《史记》、《汉书》两种已为要买的人取去。书箱确是空的。陈晏既未送还，你当到石门路 102 弄 8 号一取，他大概很忙，想我的信不会有误，以为不急要，所以拖延了。张志良已结婚，你曾见着他爱人否？天凉了，要特别当心。

祖父字　六日

(廿二)[②]

斌孙：

《史记》已取回否？尚有大本白纸《三国志》，在马桶间黑书箱内下层，共八本，大概是八本。又玻璃橱内《老子翼》、《庄子翼》一夹板，大概是六本。此三部书急需审阅，国庆节王继周、阿杭要回南京探亲，交他带来。又闻十一在上海，如阿杭不回，交他带来也可。总之不要弄湿要紧，马科住址是吴江路四十二号。但文化革命后未曾往来，有无

---

① 此信书写在明信片上，片上有戳记。寄出日期为 1974 年 9 月 7 日，到达日期为 1974 年 9 月 8 日。片上用毛笔书写"上海山阴路东照里六十八号　钟斌同志收　南京钟寄"。

② 此信有封，封上有戳记，共两页。寄出日期为 1974 年 9 月 29 日，到达日期为 1974 年 9 月 30 日。封面上用毛笔书写"上海山阴路东照里六十八号　钟斌同志启　南京钟寄"。

移动尚不可知。另外一纸覆蔡老先生者，即送四十四号。又见邱先生，代我问好。

祖父字　廿八日

(廿三)[①]

斌孙：

十一回南京，带来《三国志》、《老子、庄子翼》，二书皆收到。《庄子翼》本与《老子翼》合一夹板，不须再找。惟《史记》已由陈晏送还，何以未交十一带来？望来信说明。家拱到上海看病，曾到东照里否？他已偕家榕到海宁，回来时可望再到上海一转。如到上海，胎盘片能买到，便交他带来。又南京牛奶常停，不知在上海能买得奶粉否？或麦乳精亦可，能买两罐来最好。邱先生要学书法，我所识能书者皆已故，新人无识者，无以报命，甚歉。望即以此回覆。汝弟兄亲事如何？我很挂念，不妨告我，无庸隐讳。秋凉，大家保重！

祖父字　国庆后二日

(廿四)[②]

斌孙：

前月初十后，叶广文来信，言代买得胎盘片十瓶。覆信令其送至东照里，托人带宁。并附有一信与你，至今多日未见你覆信，不知胎盘片送到无误否？又王继周说，有友人路过南京，可以将衣箱并书交他带来，后又说此人行期推迟。我想箱子不小，装入书与药也不轻，托人

---

① 此信书写在明信片上，片上有戳记。寄出日期为 1974 年 10 月 3 日，到达日期为 1974 年 10 月 4 日。片上用毛笔书写"上海山阴路东照里六十八号　钟斌同志收　南京钟寄"。

② 此信有封，封上有戳记，共两页。寄出日期为 1974 年 11 月 3 日，到达日期为 1974 年 11 月 4 日。封面上用毛笔书写"上海山阴路东照里(一三三弄)六十八号　钟斌同志启　南京人民南路四三八寄"。

带,教人为难,不如直接交火车托运。记与你信中也曾说到,今天家梅说他同学李健飞不日到上海,可以交他带来。李健飞来时,商量着办,事先须预备好。此信到后望即覆一信。又《后汉书》本四套,家梅只带来两套,尚有两套在你房内书橱顶上,蓝色套,有利贞字写在封面。问钟武,若邮局能寄,即交邮寄来,如何并覆我。此信并交继周一阅,潘平调皮,须好好照管。要紧。

祖父字　十一月三日

(廿五)[①]

武、斌孙同阅:

三日有一信与斌,想早收到。家梅同学李健飞到沪出差,已与他约好,将衣箱托他带宁,有信交他带来为凭。不过他不多耽阁,又恐他来时,汝等都不在家。望将箱子与书收拾好,放在楼下房内,来时即可拿走。此嘱,切切!

祖父字　五日

(廿六)[②]

斌孙:

二十一日的信收到。李健飞回来已数日,而人始终未来,昨晚催家梅去问,方将《史记》并胎盘片拿回。托人的事很难,也难怪人。大家都很忙,箱子又大,要人家带,本不易。家榕、家拱是自家人,他们能替我带来,再好不过。不过有小孩一同来,家拱病体不能吃力,一面要照顾小孩,一面照顾箱子,也就为难。所以无论如何,你们弟兄要帮他们把箱子送到车站,扣好牌子。不要随身带。来信通知,这里让家梅或

---

① 此信书写在明信片上,片上有戳记。寄出日期为 1974 年 11 月 5 日,到达日期为 1974 年 11 月 6 日。片上用毛笔书写"上海山阴路东照里六十八号　钟斌同志　南京钟寄"。
② 此信无封,日期待查。

家栖到车站去接。《后汉书》不要找了,《箴铭一束》本子在书桌当中抽屉里,不要忘了带来。明年春暖我打算回上海一趟,把书整理一下。现在有《史记》看,也不需要《后汉书》了。粮票务必交家榕带来。天气渐冷,随时要加衣,不可大意。闻家中都好,我放心了。你父亲想仍照常忙也,要告诉他留心寒暖。

祖父字　廿五日夕

(廿七)①

斌孙:

接到你的信,知婚姻有了眉目。我很高兴,但未提到武哥的事。照理他应先办,或两人同时办,问问他看情况如何。潘平看照片这孩子很不错。也可看到你妈妈抚养他用的心力不少。我要买点东西与他,四五块钱光景。就由你酌办,款以后连买药的钱一并寄还。叶广文的住址是愚园路五三二弄六十一号。胎盘片能买到的话,款亦由你先垫付与他。就此,顺问

大家好

祖父字

(廿八)②

武、斌孙同阅:

小姑回,各物都收到。斌前来信言汝父身体不好,今闻在家休养,休养许时已复元否?甚是念念。汝二人婚事如何?我意择人当择其品行,至容貌以及家世乃在其次,若必求全,更无合适人矣。蔡老先生久无信来,疑其有病,斌得便可往一看之,不必言我意。所借书还清

---

　　① 此信有封,封上有戳记。寄出日期为 1974 年 11 月 23 日,到达日期邮戳不清。封面上用毛笔书写"上海山阴路东照里六十八号　钟斌同志收启　南京钟寄"。
　　② 此信无封,日期待查。

否,即覆我一信。书箱内有木把小刀一柄,书桌抽屉内有小白石砚一方,磨蓝墨者,如继周回交他带来。

祖父字　一月卅一日

(廿九)①

斌孙:

南京已大冷,上海如何?甚念!箱子厚棉被带来,甚为得济,只是垫的太薄,藁荐买不到。我一床红色厚褥子在上海,若能有便人带来,冬天更冷,无忧矣。南京近来常常断电,洋蜡烛大家争着买,现已无买处,记得有一马灯,不知尚在否?如可买到蜡烛,要武设法,能寄一两对来,免得晚上摸黑。此二事托你,能办到越早越快越好。电筒亦缺货,有电筒无电池,亦早废物也。又兴义二伯伯久无信,你弟兄有便,希望能去看一看,如何?即覆我信。手冷不多写,望大家留心寒暖。

祖父字

(卅)②

斌孙:

粮票收到无误,洗脸间书箱内,记尚有《观楞严伽记》一部四本,《涅槃经》一部,大约是六本八本,又有《五蕴论》一本,大约在前楼靠左书箱内。尚有其他,名字我记不清,查时幸为留意,最多一部是《大毗婆沙论》,千万查出。此事希望能早了毕,此嘱。

祖父字　六月五日

---

① 此信有封,封上有戳记。寄出日期为1975年1月31日,到达日期为1975年2月1日。封面上用毛笔书写"上海山阴路东照里六十八号　钟武斌同志收启　南京钟寄"。
② 此信书写在明信片上,片上有戳记。寄出日期为1975年6月5日,到达日期为1975年6月6日。片上用毛笔书写"上海山阴路东照里六十八号　钟斌同志　南京钟寄"。

262

书　信

（卅一）①

斌孙：

　　前接蔡老先生来信，言苏州有王顺轩老医生，知吾尚藏有佛书数种，要求转让。此种书你兄弟不能读，且亦不必读，故我已答应让与他。我一时不能来上海，看你与武哥能否星期天或他闲空时，帮我查出，送交蔡老先生，了此一事。我记得洗脸间书箱内有《法华经文句》、《楞严经》之类。又《御选语录》两夹板，靠洗脸间门。在你房内玻璃橱内，有《翻译名义集》、《教乘法数》两种，皆有夹板。又原在前楼右边上，原放有小皮箱的书箱内，有《无量寿经》、《净土十要》、《成实论》、《成唯识论》、《紫柏集》等。三层楼书箱上有《华严经疏》、《大毗婆沙论》两种，此两种本数皆不少，是不是有一种在洗脸间里，我却记不清。此外尚有没有他种佛书，现在亦想不起，不过有《经海一滴》一种，我还要留着看看。如查得我所未开列而疑是佛书时，可以请教蔡老先生，他或者能帮着查点。并望顺告蔡老，我近时感不适，精神委顿，不另写信与他。书价若干，由他与王老医师酌定便是，将来书价交来，即分赠汝兄弟帮贴结婚之用。此信到后，望你与武哥先覆我一信，能不能办？不过来信字要写大些，墨水要浓些，字小又淡，我眼力差，看时不免吃力。写至此为止，再写下去，怕头眩了。顺问大家好！

祖父字　五月十八日

　　再者，六月粮票勿忘寄来。

---

　　①　此信有封，封上有戳记。寄出日期为 1975 年 5 月 19 日，到达日期为 1975 年 5 月 20 日。封面上用毛笔书写"上海山阴路东照里六十八号　钟斌同志收启　南京钟寄"。

(卅二)^①

斌孙：

接来信知汝父已上全日班，若是，则肝病已全好矣，甚慰甚慰！我病只是衰老，无大碍，勿念。兹有三事，望即办：一、六、七月粮票即寄来。二、张志良_{志良住址是岳州路五五三弄一号}。我只允送他《罗念庵集》，因此书我有两部也，馀者望即索回。《楞严正脉》一部即让与王医师。三、蔡老我知他是右派，但右派大有分别，一种是政治上有野心的，此则大有问题；一种是老实人，说话偶不谨慎，划成右派，此种人虽不能说冤枉，却在可矜之列，政府并未剥夺他选举权，且有时还照顾他，我们应了解政策，更应体贴。毛主席宽厚之心，为战犯还蒙特赦，那有戴上帽子便不与他往来之理。所有佛书查明后，即陆续送与蔡老，一面来信告我，我自写信与他联系。又尚有《五蕴论》一本、《居士传》一本，如查到，一并出让。

祖父字 六月一日

(卅三)^②

武孙：

前斌信来，言从楼上跌下，伤及骶骨。曾寄一信，言杨晓兰浦东联合诊所有伤科老中医，治伤药有神效。今已多日，未见斌来信，不知伤曾愈否？甚是放心不下。望你见此片，即覆我一信。婚事如何，并望一覆。

祖父字 廿六日

---

① 此信有封，封上有戳记。寄出日期为 1975 年 6 月 1 日，到达日期为 1975 年 6 月 2 日。封面上用毛笔书写"上海山阴路东照里六十八号 钟斌同志启 南京钟寄"。

② 此信书写在明信片上，片上有戳记。寄出日期为 1975 年 7 月 26 日，到达日期为 1975 年 7 月 27 日 片上用毛笔书写"上海山阴路东照里六十八号 钟武同志 南京钟寄"。

书　信

（卅四）^①

斌孙：

　　接到你二十九日信，知你已上班，想伤已全愈，我心放下矣。蚊子多，最好设法把纱窗修好，眼前且点蚊香，以河马牌最有效。睡眠很要紧，不可不注意。智永《千字文》，我已允许归你，一有便人，即带来。八月以后粮票，盼即寄来。又洗衣皂亦是问题，盼望能带数块来。你父奔来奔去，真是辛苦，但他身体素强，必经得住。我还好，南京天气也热，但已惯了。勿念。

　　　　　　　　　　　　　　　　　　八月一日　祖父字

（卅五）^②

斌孙：

　　昨日徐伯儒先生从上海来看我，我托他将《真草千字文》带与你，因为你酷爱这帖，所以畀你，望你好好保存，现在是买不到的。徐先生住富民路古伯公寓十二号，你隔二三日，到他那里取回，不要等他送来。复方胎盘片买到没有？以及吴老送我的花生酱，如最近无便人带，与钟武商量，看能不能由邮局寄来，希覆我一信。我还好，只是近来闹大便燥结，无他患也。天凉，大家保重！

　　　　　　　　　　　　　　　　　　祖父字　十月二十日

（卅六）^③

斌孙：

　　家梅到上海，有一存折，令交与你，想收到无误，内一百元乃是我给你

　　① 此信无封，日期待查。
　　② 此信有封，封上有戳记。寄出日期为 1975 年 10 月 20 日，到达日期为 1975 年 10 月 21 日。封面上用毛笔书写"上海山阴路东照里六十八号　钟斌同志启　南京钟寄"。
　　③ 此信有封，封上有戳记。寄出日期为 1975 年 10 月 26 日，到达日期为 1975 年 10 月 27 日。封面上用毛笔书写"上海山阴路东照里六十八号　钟斌同志启　南京钟寄"。

的。因武待遇比你好,闻说他颇有积蓄,你待遇比他差,结婚时需钱,所以帮你一百元。此对任何人都不用说,馀有零数,留作代买复方胎盘片用。此外有几部书,未曾带来。一、《国朝先生事略》,小本子、有夹板,旧存马桶间日本式书柜里。家梅说此书柜在你房里,或者你要用此柜,将书放在别处了。二、1.《於越先贤传》,记得是四本,有夹板。2.《筆论》两本。3.《礼记解》八本。以上三书,皆在我原来房里,靠西两排黑书箱,下首上面书箱里,一找便得。或者武孙搬动时,上下左右动乱了,要他帮着替我找出。不久洪关林要来,托他带来,要紧要紧。又下月粮票,到时须寄来,可以寄三个月来,免得月月寄麻烦,寄费在我折子里算。书查出,望即覆一信。切切。

祖父字　二十六日

(卅七)①

斌孙:

信收到,文何时返甘,是否将潘平带去,仍望告我。昨大娘又提及肥皂,遇有便人,即以糖皂交其带来。款于阿杭寄家用中扣算。王十九病情已大好转,可以食粥,但出院尚须待。我前在重庆堂买风湿止痛膏,每张八分,价贱而颇有效,近闻改名关节炎膏,南京中药店无买处,望即买两张封入信内寄来为盼。写此,顺问一家大小好!

祖父字　十三日

(卅八)②

孙女文阅:

你此次回上海,未能相见,但得来信并照片,也与见着一般。两个

---

①　此信书写在明信片上,片上有戳记。寄出日期为 1976 年 2 月 13 日,到达日期为 1976 年 2 月 14 日。片上用毛笔书写"上海山阴路东照里六十八号　钟武同志收　南京钟寄"。

②　此信有封,封上有戳记。寄出日期为 1976 年 2 月 20 日,到达日期为 1976 年 2 月 21 日。封面上用毛笔书写"上海山阴路东照里六十八号　钟文同志启 南京钟寄"。

266

小孩,确是可爱,不独胖得可爱,神气之间,也见聪明伶俐。闻说平颇为调皮,调皮便是聪明的表现,不过要告诫他,要听奶奶的话,奶奶身体不好,不要搅得奶奶太累了。我打算春暖了,回上海看看,若都说他听话,我就高兴了。你回兰州,带着宁走,车上须小心,见智君为我问好。我自知保养,不用挂念。周总理死我很伤感,但能自克制,不必伤及身体,放心可也。祝你一路平安!

祖父字　七六年二月十九日

(卅九)①

斌孙:

昨晚家梅赴沪,拟趁便带几部书来,除开单外,尚有《诗志》一部六本,几本记不清楚。在原来长玻璃橱内,又《辞源》或《辞海》,须带一部来备查,要紧! 糖及肥皂钱,叫家梅算与你,馀由家梅转达,不叙。

祖父字　九日

《通志》一书须检齐,勿漏脱一本或两本。又及

(四十)②

斌孙:

快七月半了,而粮票尚未寄来,四娘已问过几次,此事全委托你,你应当留点心,望即寄勿再延。(七八两月)天时不正常,时感不适,望注意。

祖父字　七月十三日

---

① 此信书写在明信片上,片上有戳记。寄出日期为 1976 年 3 月 10 日,到达日期为 1976 年 3 月 12 日。片上用毛笔书写"上海山阴路东照里六十八号　钟武同志收　南京钟寄"。

② 此信书写在明信片上,片上有戳记。寄出日期为 1976 年 7 月 13 日,到达日期为 1976 年 7 月 14 日。片上用毛笔书写"上海山阴路东照里六十八号　钟武同志　南京钟寄"。

(四十一)①

斌孙：

　　粮票收到。兹寄去南京发油证一纸，写的是十一月，但从本月起，即以此为据，望交上海粮站填写清楚，仍挂号寄回。南京闹地震，扰攘者已半月馀，不独跳楼死伤，且有闻警而吓死者，临危急时，最宜镇静。上海领导晓谕分明，但作思想准备，此可喜也。我尚好，勿念。武哥婚事如何？来信望一提。天渐凉，宜留意寒暖。

(四十二)②

斌孙：

　　前挂号寄去向粮站兑换油证一纸，想早收到。今九月将过，十月已临，急于买油，望即将该证交以填好，仍用挂号寄来，千万勿再延误。此嘱。

祖父字　九月廿六日

(四十三)③

斌孙：

　　建华生产落在何月，近检查过否？武婚事有无眉目？此二事望详细覆我。本月与下月粮票，亦望即寄。我尚好，只是胃纳大减，食粥时多。江青一伙，根据地在上海，近有甚消息，可以略略告我。天渐寒，举家须留意。此嘱。

祖父字　十一月三日

---

　　①　此信有封，封上有戳记。寄出日期为 1976 年 9 月 7 日 到达日期不清为 1976 年 9 月 8 日。封面上用毛笔书写"上海山阴路东照里六十八号　钟斌同志启　南京钟寄"。

　　②　此信书写在明信片上，片上有戳记。寄出日期为 1976 年 9 月 26 日，到达日期为 1976 年 9 月 27 日。片上用毛笔书写"上海山阴路东照里六十八号　钟斌同志　南京钟寄"。

　　③　此信书写在明信片上，片上有戳记。寄出日期为 1976 年 11 月 3 日，无到达日期。片上用毛笔书写"上海山阴路东照里六十八号　钟斌同志收　南京钟寄"。

(四十四)[①]

斌孙：

　　我很高兴接到你四日来信，我得了一个重孙子，虽然现在男女一样，但是女子终要嫁给人，终是人家的人。要我起个名字，我想就叫作钟吕，吕是吕尚，即俗所称姜太公。太公八十遇文王，是古今高寿，我要这孩子，同我一样活到九十一百，这是取名的意思。且字亦简单易认，由你父亲再斟酌罢。建华产后要好好调养，如何待孩子，可随时请教婆婆。我对此很放心，不过你母亲要更劳累了，然而抱孙子是欢喜的事，即劳累也不觉得了。食油证明随信寄去，家拱说："能多发粮票几月，省得每两月办一次手续。"你看着办罢，我虽胃口差，吃粥倒是平安。看如此过些时，会不会胃口渐转，听其自然。这不是吃药能解决的事，你们也可以放心。记得上海有狮子头罐头，如买着的话，有便人带两罐头来。天渐冷，产妇以及大家都要小心。此嘱。

祖父字　十一月七日

(四十五)[②]

斌孙：

　　粮票收到。雇得一人照应产妇，甚好。但粮食却是问题，记得汝母回去建德时，蔡老先生曾介绍一华大姐来招呼我伙食，其人户口在上海，早来晚去。我当时因叶广文、周克和联弄午饭，晚饭热热吃，可以过得去，所以辞谢了。蔡老先生，里弄中视为怪物，其实是一个大好人，很肯帮助人。汝空时不妨同他接接头，看那华大姐有否在别人家工作，又另外有无妥人，如此则粮票不愁了。家榕到上海，想已来过，

　　① 此信有封，封上有戳记，共二页。寄出日期为 1976 年 11 月 8 日，到达日期不清为 1976 年 11 月 9 日。封面上用毛笔书写"上海山阴路东照里六十八号　钟斌同志启　南京钟寄"。

　　② 此信有封，封上有戳记，共二页。寄出日期为 1976 年 11 月 16 日，无到达日期。封面上用毛笔书写"上海山阴路东照里六十八号　钟斌同志启　南京钟寄"。

若有花生酱,能买得一□,托他带来。花生酱没有,买得山楂酱罐头一两罐亦可。又瓶装牙粉买两瓶,从前有宫灯牌最好,现在名字可能改了。又有软糖买若干,所有价钱,交家榕与汝,我算还家榕,免得汇寄。天气冷了,产妇小孩最要当心,要紧要紧!

祖父字　十六日

(四十六)①

斌孙:

十六日信想收到。昨有友人游安徽黄山回,谈及我有齐万年画黄山,寥寥几笔,颇得黄山之神。彼亟欲一见,望检出,趁家榕之便,交其带来。又顺便有两横披,皆裱有两扇面,一扇面画山水,一扇面乃李龙川所写字,亦并带来。又玻璃书橱内,有《教乘法数》一书,计六本,若好带,望带来,不能带则罢。又张志良借去书,得便即索回。要紧!

祖父字　十九日

(四十七)②

斌孙:

叠函想俱收到。家榕想在沪毕,托带诸物已接洽无误否?今日家拱交来此地粮站所开格式,言照此填写。粮排、换油,可以一办半年,不须两月一交涉,粮站亦颇省事,意料上海粮站当亦如此,看能照办否?南京已下过一场雪,近稍转暖,不知上海如何?娃娃想长得好,明春可照一相寄来。各家所借去书,记取收回,收回后,来信告我,切记!

---

①　此信有封,封上有戳记,共二页。寄出日期为 1976 年 11 月□□日,到达日期亦不清,1976 年 11 月□□日。封面上用毛笔书写"上海山阴路东照里六十八号　钟斌同志启　南京钟寄"。

②　此信有封,封上有戳记。寄出日期为 1976 年 11 月 27 日,到达日期为 1976 年 11 月 28 日。封面上用毛笔书写"上海山阴路东照里(一三三弄)六十八号　钟斌同志启　南京钟寄"。

270

建华产假期满,仍需留意调摄。

祖父字　十一月廿七日

(四十八)①

斌孙:

　　信及相片收到。小孩长得很好,我看了甚是高兴。王继周回,托他带拾圆与你夫妇,为小孩添置衣帽。若现在不需,即留作后用,千万不可浪费。北窗透风,照北方人办法,用纸条子将所有缝隙都糊好,即暖多矣。南京已下了三次雪,此次雪很大。我还好,已连日不出门,惟望有太阳,可以晒晒,也便暖和耳。兑油证尚未取得,取得即寄。

祖父字　七七年一月三日

(四十九)②

斌孙:

　　粮票收到,而兑油证未见寄来,南京粮站所开,已交与阿杭,并且叮咛嘱咐,岂阿杭匆忙,忘未交与武孙耶? 望即追问,此证甚要紧,无此即不得油也。又叶广文可与一信联系,伊未必在家,药取到即告我。

祖父字　十七日

(五十)③

悌儿阅:

　　为迁转户口事,昨公安人员又来调查过,言需由上海办理两事:一、由上医学院证实我与你父子关系,用钟泰名。多年居住东照里,实因年老体弱,在在需人照应。而你工作繁重,有时陪同学往在他处,不

---

　　①　此信有封,为手递封,无邮戳。封面上用毛笔书写"交钟斌收启　山械"。

　　②　此信书写在明信片上,片上有戳记。寄出日期为 1977 年 1 月 18 日,到达日期邮戳不清。片上用毛笔书写"上海山阴路东照里六十八号　钟斌同志　南京钟寄"。

　　③　此信无封。

271

在上海。以此遂于年前搬回南京就养于长子吴培孙，_{注：从母姓，姓吴。}一因培孙退休，可以照应一切。二因出生在南京，一女亦居住近处，可以帮同照应。所以要求将户口迁转南京市，免每月寄发粮票油票皆须盖章，此一事也；二、由上海该管派出所，同样出此证明，即准迁证，如此南京便可办理。兹将昇州路派出所开给上海粮站一纸寄与你看，需保留。可速办理。

父字　七七年八月二日

(五十一)①

斌孙：

信及相片收到。小孩发育慢无关系，只是饮食要留心，不能吃的不要让他看见，就不会闹了。我现在还好，上海存的书，希望弟兄两为我检查一下。每一书箱开一单子，写明何书，趁春节期间办妥，寄与我看。一书散在两处，务必并拢，要紧要紧。汝母快回来罢，身体如何？我很记挂。此祝大小安好！

祖父字　七七年十一月廿三日

(五十二)②

武、斌同阅：

久不得上海信。想大家都好，然新年假中闲空，何不来几个字？不能不叫我怅怅也。兹有两书，望汝等为我一查。一、《东坡词》《稼轩词》，书面有字，原在楼上东墙书箱内，两大本，很易分别；一、我所著《庄子发微》，在长春付印者，记尚有六七本，有人求索，寻出，亦寄一

---

① 此信有封，封上有戳记，共二页。寄出日期为 1978 年 11 月 24 日，到达日期为 1978 年 11 月 25 日。封面上用毛笔书写"上海山阴路东照里六十八号　钟斌同志启 南京钟寄"。

② 此信有封，封上有戳记，共二页。寄出日期为 1978 年 3 月 10 日，到达日期为 1978 年 3 月 12 日。封面上用毛笔书写"上海山阴路东照里六十八号　钟武斌同启　南京钟寄 (210001)"。

两本来。我本请王姑爹到上海来，替我将书整理一下，他现在身体不大好，且暂缓办。我最近由唐老医师看脉，言脉相甚好，可能还有几年活。书还要查看，务须为我保管好，至嘱至嘱！书最怕霉怕潮湿，要紧要紧！以上所要书，寄出即来信。

祖父字　七八年三月九日

(五十三)^①

斌孙：

　　家梅同学连有两人赴沪，并托其将衣箱并书与药带宁，_{皆有信带去为凭}。不知可曾来过？计算时日不少，甚是放心不下。《后汉书》利贞两套，原放在玻璃书箱顶上，何以说找不到？自我回南京后，书箱书籍，东放西放，但求住得舒服，而于书籍全不爱惜。昨蔡老先生来信，言廿四史《三国志》箱子是空的，此书又是何人借去，你知道否？有人曾出过三百元买我廿四史，我未肯卖与他，将来也是你们的东西，即不能读，也可以卖钱，千万不要糟蹋。此信收到，望即覆我一信，又下月粮票并望寄来，要紧。给蔡一信，当面交他。家中大小想都好，我亦好，勿念。

祖父字　廿二日

(五十四)^②

斌孙：

　　上月廿七日寄汝一信，嘱到四十四号探望蔡老先生有否生病，光景如何？今已七八日未见汝回信，岂汝亦病耶？甚为悬念，望即覆一信。如果病了，即令武覆我，切盼切盼。

祖父字　三月六日

---

① 此信无封，日期待查。

② 此信有封，封上有戳记。寄出日期为 1979 年 3 月 6 日，到达日期为 1979 年 3 月 7 日。封面上用毛笔书写"上海山阴路东照里六十八号　钟武斌同启 南京钟寄(210001)"。

273

(五十五)[①]

斌孙：

前信来说汝父身体不好正在服药，不知近已好否？我意汝父之病，全由劳累太过，是须静养，不在服药。现在已全好否？甚是念念，望覆我一信。论节气已是清明，而依然寒冷如冬，即汝等亦须留意要紧。

祖父字　四月五日

(五十六)

斌孙：

你要的印度、巴基斯坦一书带来与你，《真草千字文》有人借去，俟还来后再带，馀详家梅信中不赘。《后汉书》利贞两套我急要看，务须找得，要紧要紧。

祖父字　十四日

---

① 此信有封，封上有戳记。寄出日期为 1979 年 4 月 6 日，到达日期为 1979 年 4 月 7 日。封面上用毛笔书写"上海山阴路东照里六十八号　钟斌同志收　南京钟寄"。

随　笔

讱 斋 随 笔

《说文》:"善,吉也。""吉,善也。""几者,动之微,吉之先见者也。"吉即为善,故庶几者,有不善未尝不知。《庄子》"瞻彼阕者,虚室生白,吉祥止止",吉祥亦谓善。

老聃所以授仲尼者,《世家》称"为人臣者,勿以有己,为人子者,勿以有己",《列传》称"去子之骄气与多欲,态色与淫志"。勿与有己者,无我也;骄气,我慢也;多欲,我爱也;态色,我慢所呈露也;淫志,我爱所流衍也:是皆去之,与勿以有己相成。不言去欲,而言去多欲者,"己欲立而立人,己欲达而达人"亦欲也,老以诏孔,其所就为无我,孔以诏颜,其所就为克己,授受不爽如此,而儒者多忽之。

问曰:"庄周始言心斋坐忘,而《论语》记孔子'居不容',则圣人必无静坐息念事。"答曰:"圣人者,常在定中,何劳教坐?岂独孔子然,宗门如大鉴亦然,自非生知焉,得以是为口实。《曲礼》曰'坐如尸',常人不习止观,坐至一两刻许,不昏沈即妄念。昏沈者,四体弛,妄念者,容止变,安能如尸也?故自静坐乃礼家恒教,何容咤为异术。"

伊川云:"使颜生而乐道,不为颜子矣。"王信伯申之曰:"心上一毫不留,若有所乐,则有所倚,功名富贵固无足乐,道德性命亦无可乐。

庄周所谓'至乐无乐'。"今按,颜子自述先忘仁义,次忘礼乐,乃坐忘,若所乐在道,则犹有法我执,非坐忘也。<small>乐性命则生天趣,所谓三禅遍角天,去颜子克己益远。</small>

胡仁仲云:"疏水曲肱,安静中乐,未是真乐,须是存亡危急之际,其乐亦为安静中,乃是真乐。此岂易到?"余谓孔子所举,道其常也,围于陈蔡而弦歌不辍,则常变皆乐矣。其后嵇康临刑,从容鼓琴,此亦不易得也。虽然,齐死生等夷险者未必皆能舍我,孔颜之乐由于无我克己,则常变不足论。<small>嵇康只归大梵天趣。</small>

仁者爱仁,恻隐为仁之端,训仁为爱,古之质语然也。上蔡、横浦以为仁即是觉,谓其知痛痒,以《医经》称痿痹曰不仁,反证孟子曰仁人心也。心非觉乎,此则二家之说,亦不违于孟子。若然,仁与智奚分?曰:有分别智此谓智,无分智此谓仁,人心本仁,徒以我相人相隔之,则彼此不相喻。一日节己,则彼此之心通而为一,自见天下皆归于仁,亦如释迦成佛,众生本来是佛也。

子曰:"人之生也直,罔之生也幸而免。"按《庄子·庚桑楚》篇,老聃说卫生之经曰"不以人物利害相撄,不相与为怪,不相与为谋,不相与为事,翛然而往,侗然而来",此所谓直也。人之生以乐为齐,不乐何生之有,直者内无芥蒂,外无疑怍,无往不有其乐。虽短折饿死,其一日之恬逸,视常人□之百年者,已为超过,如是乃为生也。罔者颠倒惊怖,神明自疚,寤寐作止,无时不扰,有生之乐已尽,虽形骸仅存,谓之幸而免矣。虽然,言生、言卫生,犹是有生也,即佛家"八解脱"前七,未至圣道,故老聃以为冰解冻释尚非至人之德也。

佛家本以"六度"、"四无量"为至行,禅宗入而斯义微,宋儒徒见禅宗论义,故以佛家不能闻物成务相斥,苟循"六度"、"四无量"之本,安得有是言邪?

域中圣者伊尹,圣之任,思天下之民有不与被尧舜之泽者,若己推而内之沟中,此行施度者也。伯夷,圣之清,目不视恶色,耳不听恶声,立于恶人之朝,与恶人言,如以朝衣朝冠生于涂炭,此行戒度者也。柳下惠,圣之和,降志辱身,不羞污君,不卑小官,虽袒裼裸裎于我侧,尔焉能浼我哉?此行忍度者也。具言忍辱。域中贤者,子路得其四,颜渊得其六,子路"愿车马衣裘,与朋友共,敝之而无憾",此行施度也;"见利思义",此行戒度也;"衣敝缊袍,与衣狐貉者立而不耻",此行忍度也;"有闻未行,唯恐有闻",此行精进度也。禅与智,子路未具,然戈击亢胡,结缨而死,神明湛然,不知苦受,亦自然得定矣。颜渊又过之,"愿无伐善,无施劳",此行施度也;"非礼勿视,非礼勿听,非礼勿言,非礼勿动",此行戒度也;"犯而不校",此行忍度也;"吾见其进,未见其止",此行精进度也。曾斋此行,禅处也;忘此行,智度也。六度悉具,前四又视子路为远,厌于孔子,谓之钜贤。夫一日克己而天下归仁,自非上圣,何以得此问者?曰:诚如是,佛家非不足以开物成务,顾儒家源备焉,奚待外资于佛?曰:知之虽不资于佛可也,不知而以相陵相蔑不可也。国有大常,周公之典不得以异域仪式相变,自行周公之典不可,见其玉帛钟鼓之异,不悟其礼乐之同不可也。如张方平之徒,必以大鉴、马祖过于孔子,是亦妄而已矣。佛门岂无自利者,智者利仁,孔子□摈也。菩萨种姓知本无有生,即了生死,此仁者安仁也;声闻独觉,种姓怖畏生死,求道以可之,此智者利仁也。

　　唯物论若穷其柢,即还归唯识论。何以言之?所以信唯物者,以不信意识之计度,而信五识之感觉也。然信者为谁?仍是意识。若充类至尽,此信心亦应除遣,唯是五识,感觉如镜照物,虽得现象,不立有无,则有现量无比量,有依他起自性,无遍计所执自性矣,岂非达唯识之深趣者耶?然儒释皆不立此论者,以但任五识,无他修习,仍不能使意识不起。且人类相怜之念亦与五识俱生,又不可令断者也。假今能断,不为外道,无想定,即为卧轮之能断百思量,对镜心不起者,虽乍见孺子入井亦无怵惕,种姓于是断灭矣,是以儒释皆不由也。

　　明道《识仁篇》曰:"识得此理,以诚敬存之而已,不须防检,不须穷索。若心懈，则有防心；苟不懈，何防之有！理有未得，故须穷索，存久自明，安待穷索？"不须穷索，阳明之所敢言也；不须防检，阳明所不敢言也。《定性书》曰"天地之常，以其心普万物而无心；圣人之常，以其情顺万事而无情。故君子之学，莫若廓然而大公，物来而顺应"，此阳明所敢言也；"与其非外而是内，不若内外之两忘也，两忘则澄然无事矣"，此阳明所不敢言也。"圣人之喜，以物之当喜；圣人之怒，以物之当怒。是圣人之喜怒不系于心，而系于物也"，佛家说有依他心无自依心，此明道所取。此阳明所不敢言，亦所不欲言也。慈湖云"有过而内自讼"，此阳明之所敢言也。"心本不邪，用正心本不放，焉用求"，此阳明之所不敢言也。慈湖诚于为道，故不起意，则是王汝中专以口舌袭取，故不犯□则非如，当视其心行。

尹和靖云"心广体胖，只是自乐"，伊川曰："到此，和乐字也著不得。"盖乐有常乐，亦有贪俱乐受。常乐为佛境界，贪俱乐受为三禅境界，伊川已知之，此亦阳明所不敢言也。《大学》，人世典，言语无玄远，伊川所见，虑非其旨。若《中庸》推本天命，所谓喜怒哀乐之未发者，乃是色究竟天境界，而诸儒不悟也。

延平云："默坐澄心，体认天理。"即放佛家止观，不相离说，然于行住卧起未及，故甘泉言"随处体认天理"，视延平为圆遍矣。阳明称"致良知"，亦随其动静为之，天理不外良知，其后甘泉亦自了此。由今观之，天理犹佛家言真如，良知犹佛家言本觉。高揭真如，人犹汗漫无所从入；一言本觉，则反心而具。天理与良知亦此比例，二说但了义、不了义之分耳。然王、湛二公门庭已别，其后随滋事论，蕺山本甘泉三传弟子，并承王学，遂为"常惺惺"说，苟循其本，三家竟无异也。闻而知之，所谓声量也；思而知之，所谓比量也；行而知之，所谓现量也。真知者，唯现量，非比量、声量。

"穷理尽性以至于命"，文见《说卦》，上蔡、阳明说皆可用。上蔡云："穷理即是寻个是处，有我不能穷理，人谁识真我。何者为我，理便是我。"又云："我非我也,理也;理非理也,天也。"前说犹法我见,后说推之于天,则借以扫其法我之论尔。与苏子瞻《易传》解性命相类。阳明云："仁极仁,谓之穷仁之理,义极义,谓之穷义之理,则尽仁义之性矣。知不行之不可以为学,则知不行之不可以为穷理。"二说虽殊,然与前后解者悉异。按孟子云"理义之悦我心,犹刍豢之悦我口",若以辨析名理、究尽幽微为穷理,此但一类学者之所悦,夫岂众心之所同然?

近世远西哲学综以名理,故辞无矛盾;精意撰著,故语无棘涩。道物之原,故不与□言物质者同其繁琐然。言则不主于躬行,义则不可以亲证,夫为理化诸学者,亦非徒举其理而已,必事事可验而后敢以示人,彼哲学者竟无有也。阳明尝非宋儒格物之说,斯于诚意则不涉,于事物犹可徵,言哲学者竟何徵乎?庄子云："由天地之道观惠施之能,其犹一蚊一虻之劳者也,其于物也何庸?"夫不省内心,不务质行,而泛言宇宙之原,庶物之根,所谓"咸其辅颊舌"也。绝去名理,遂无力玩弄者,禅家所谓胡孙失树,全无伎俩者矣。淫于此者不可与入尧舜之道。

冉求问于仲尼曰："未有天地可知邪?"仲尼曰："可,古犹今也。"此所谓当下即是者,不堕边论,不涉三世者也。天地之初,物象之始,是何足论哉!君子之学,知行合一而已矣,故曰："圣有谟勋,明徵定保。"徐幹亦云："事莫贵乎有验,言莫弃乎无徵,言之未有益也,不言未有损也。"

以藏识为性者,无善无恶者也;以藏识所含种子为性者,兼具善恶者也。为不善必自惭恨,斯曰性善矣。若是者,有徵之论曰："不有为善而悔者乎?"应之曰："为善而悔,以有所损也;为不善虽有所益,亦惭恨也。虽然,是亦有礼教之民然耳,未可推于天下也。"良知之说所以有教者,由其服习礼义,已成乎心也。若施于婆罗洲杀人之域,其效少矣,施于今之太学,其效更少矣。

我慢者,锱素以为公患,然羞恶之念实自我慢发之。非是,人亦不知自贵于禽兽,是故泛行之术使人去矜傲就辞让,未尝汲汲于去根本我慢也。宋世儒学，实自范希文造端其始，只患风俗偷靡，欲以气节振之明之。白沙亦以名节为道之藩篱，其时世衰道微未如今之甚也，当今之世而欲使人殊于禽兽，非敦重气节，遵践名教，又何以致之？气节之敝，使人愎谏过。然如子路，人告之以有过则喜，又何愎谏遂过之有？且季心游侠之未闻道者耳，气盖关中而遇人恭谨，儒者可不若季心乎？

颜黄门广习坟典，专精六书，然云圣人之书所以设教，但明练经文，粗通注义，常使言行有馀，亦足为人，此博学而知羼守也。陆象山先立其大，以六经为我脚注，然云读经须精看古注，此高明而知柔克也。

纯佛法不足以维风教，雷次宗、周续之皆兼儒释，故风操可观。杨亿、赵忭、赵贞吉皆兼儒释，故谋国忠而诚节著。学佛不能破死生之见，又蔑视儒术者，则与王夷甫清谈无异。托于无执着，故守节之志倾；托于无我慢，故羞恶之心沮，王维所以降莘山也。

汉儒虽博稽名物，然其学有统，则仁义忠信是也。清世为汉学者唯取先，张蒿庵、江慎修辈犹有汉儒风节，其后说经日以精博，躬行则衰。夫汉儒不堕行者固有之矣，若郑仲师之不屈于匈奴，卢子幹之抗议于废立，所谓"使于四方，不辱君命，见危授命，颠沛不违"者，此其风节，岂中庸之材所敢拟。至师丹之骨鲠，朱宏之狂简，于世亦为希有。赵邠卿于重关复壁中注《孟子》，观其题辞、后序，无憔杀，意抗浮云，是有得于孟氏浩然之气者也，清世其有乎？

颜鲁公非以学道名者也，临难之勇，处事之正，死节之烈如此。昔人尝以问，象山答言：人皆有秉彝，勿视学道泰过。余谓非独鲁公也，自汉以下卓然以德操名世者，盖十有四人，上不必七十子之徒，下未逮闻濂洛之学，盖发乎悃愊因心而至，或者以行不著、习不察相蔑，中虽夷惠之行，犹可闻也。贤士满家，今但举十四人，谓其生盖发遇孔子，高或子弓、季路，次与曾宓、漆雕同比，人伦之范，斯为高选，学者勿自重其师资墙宇,而人之德性是尊,则于尚友之道哉矣。

张良子房　汲黯长孺　黄宪叔度　田畴子泰　诸葛亮孔明　管宁幼安

王烈彦方（汉七人）

颜含弘都　陶潜渊明　（晋二人）

元德秀紫芝　元结次山　颜真卿清臣　阳城元宗　（唐四人）

范仲淹希文　（宋一人）

大籍,文也,非徒诵习之,必也行乎。礼义,行也,非色取之,必也忠信也。上智之受四教以为一也,其次逆而进者也,其次序而进者也。

冉有用矛以胜齐,有若三踊于幕廷,以称国士,澹台子羽至于斩蛟矣,仲尼之门勇者非徒子路也,然而称子路者,见义必为故也。

两贤不相中,至于腾章弹劾者,古今多有。公伯寮诉子路于季孙,未足怪也;景伯欲肆诸市朝,近于党矣。解之以命,则知扬汤止沸不如去薪也。惜乎!洛、蜀、朔诸公未闻此也。

墨家本出尹佚之说,可施于政事者,孔子亦有取焉。《三朝记·千乘篇》云:"下无用,谓无奢侈之费。则国家富;上有义,则国家治;长有礼,则民不争;立有神,则国家敬;兼而爱之,则民无怨心;以为无命,则民不偷。昔者先王立此六者而树之德,此国家所以茂也。"此六术中,"下无用"即墨之节用,"上有义"即墨之尚同,《尚同》中云:"民始生,未有正长之时,一人一义,十人十义,百人百义,是故选择贤良、圣知、辩慧之人,立以为天子,使从事乎一同天下之义。""立有神"即墨子之明鬼,"兼而爱之"即墨子兼爱,"以为无命"即墨非命,盖施政之术不尽与修己同也。孟子以为无鬼神,此儒者所执,太史公亦云"学者多言无鬼神"。若夫短丧、非乐,则儒者必不取之,而尹佚亦未必言是也。

墨家至汉不传,然后汉季宋诸贤行过乎俭,其道大觳,则墨亦并入于儒矣。其尊天敬鬼之义,散在黄巾道士。刘根作《墨子枕中记》、《神仙传》,封衡有《墨子隐形法》一篇,孙博、刘政皆治墨术,能使身成火,没入石壁,隐三军为林木,流为幻师矣。

商瞿受《易》于孔子，传至汉初，王同、周王孙、丁宽、服生皆著《易传》，而瞿之书未见。唯《齐策》颜斶对宣王言："《易传》不云乎，'居上位，未得其实，以喜其为名者，必以骄奢为行。据慢骄奢，则凶从之'。"此真商瞿传也。贾生在田何后、丁宽前，《胎教篇》引《易》"正其本而万物理。失之毫厘，差以千里"，《戴记·经解篇》亦引《易》"君子慎始，差若毫厘，缪以千里"，或谓出于《易纬》，汉初安得有纬书，明亦古《易传》文，其后《易纬》乃袭之耳。

李习之《复性书》云："子路结缨而死，非好勇而无惧也，其心寂然不动故也。曾子之死也，曰：'吾何求焉，吾得正而毙焉，斯已矣。'此正性命之言也。子思述《中庸》四十七篇，_{案此语无据。}以传孟轲，孟轲曰：'我四十不动心。'遭秦焚书，《中庸》之弗焚者，一篇在焉。于是此道废缺，其教授者惟节文、章句、威仪、击剑之术相师焉。"由习之之言观之，自唐以上，儒者只习《中庸》文义，得其一端以致用者，反在击剑之士。击剑何以师《中庸》，则取其至诚之道，使心不动也。盖聂目摄，荆轲去不敢留，有以知其不讲剑术。伯昏教射，必上窥青天，下潜黄泉，挥斥八极，神气不变，今之善于臂工按□者，亦必调气习定，胥是旨矣。然则《中庸》不可得也，得其绪馀，白刃犹可蹈耶！

孟子不欲为管、晏，然从容讽说，本于晏子者实多。雪宫之对，固纯取晏子矣；云舍牛足以王天下，即晏子及弱彀之对也；云"好货与百姓同之，于王何有"，即晏子称"君子及后宫台榭，推而与百姓同之，则汤武可为"之说也。晏子本儒家，自孟子所诵习，学者置其高论可也。（编者按：此节出于章太炎。）

孟子称能行五者为天吏，未有不王。所谓五者，"关，讥而不徵；市，廛而不徵"，管子已行之。_{见《小匡篇》及《霸形篇》。}其云"尊贤使能，俊杰在位"，则管子之用甯戚、隰朋、宾须无，与其三选之法备也。其云"耕者，助而不税"，管子使税者百一钟，_{见《霸形篇》，}谓百钟而税一也。尤轻于助法。其云"廛，无夫里之布"，管子未尝及，然罢士无伍，罢女无家，

随　笔

以此劝民勤于耕织，实视孟子之行小惠为优。综观五术，四者不出管子，度中一者又不逮，而军令尚不及焉。以此轻管子，盖其知其本事耳。此亦高论，置之可也。

小谨者，不大立；齕食者，不肥体。后汉诸贤之风过于中行矣，有愈于宋也。不学体，无以立，南朝士大夫之风亦不振矣，终愈于清也。

良知，具于性者也。见义必为，成于志者也。以志达性，不论所学细大，皆卓然有以自立。杨椒山专精乐律，顾宁人博综经史，黄石斋流入图谶，其劲挺不扰，皆发乎至性，安得以行不著、习不察议之。

近世人多嫉，娟小有憎□，便兴谣诼，渐至流衍，讫于举国纷然，则窃金盗嫂之谤亦何所不至耶？今时处世唯有一术，曰恶闻人过；化人唯有一术，曰忠信。乌呼！生民至于今，亦殆将毙矣。忠信者，其续命汤乎！

戴东原之学根柢不过二端，曰理丽于气，性无理气之殊；理以挈情，心无理欲之界，如是而已。其排斥宋儒以理为如有一物者得之，乃自谓理在事物，则失之甚远也。然要其归，则主乎忠恕。故云治己，以不出于欲者为理，治人亦然。举凡民之饥寒愁怨、饮食男女、常情隐曲之感，咸视为人欲之甚轻者，用之治人则祸其人。又云君子不必无饥寒愁怨、饮食男女、常情隐曲之感也，理欲之辨使君子无完行，谗说诬辞反得刻议君子，而罪之为祸如是也。老子云"圣人无常心，以百姓必为心，常善救人，故无弃人，常善救物，故无弃物"，原盖深知此者，亦自不觉其冥合耳。罗整庵于气见理，罗近溪得力于怒，东原辨理似整庵，归趣似近溪。

荀子《解蔽篇》"凡以知，人之性也；可以知，物之理也。以可以知人之性，求可以知物之理而无所疑止之，则没世穷年不能遍也。其所以贯理焉虽亿万，已不足以浃万物之变，与愚者若一。学，老身长子，而与愚者若一，犹不知错，夫是之谓妄人。故学也者，固学止之也。恶乎止之？曰止诸至足。曷谓至足？曰圣也。圣也者，尽伦者也，王也者，尽制者也，两尽者足以为天下极矣。"此《大学》知止古义，止诸至足,即止于至善也,依其说,求知物理当有疑止,是则致知当读致仕之教,格物当读废格诏令之极。《平准书》废格,《索隐》音阁,按《尔雅》、《说文》皆云所以止,庳谓之阁,相承用格字。致知非一切杜黜,明只在废格物理,故云致知在格物。心枝则无知,倾则不精,贰则疑惑,故致知乃所以为致知,神不累于岐想,志不丧于玩物。如是,好恶自诚,故云知至而后意诚,以义与温公似同实异。但言疑止,不言扞据,但疑止物理,不荡灭物欲,其于晦翁、东原寻求物理之病,若先见之者,即此可解其惑。案太炎此说亦自一理,然非格物致知正训也。

《洪范》"惟天阴骘下民",马云:"阴,复也。骘,升也。"吕氏《君守篇》引此说之云:"阴之者,所以发之也。"实亦与马同义,此谓天之生民如造酱然,上施窨覆下,即蒸发,故庄生云"生者,暗醯物也",自道士用阴骘为神应之义,民滋惑也。天地壹台,万物化醇,以酿酒喻。

恻隐羞恶,生而具者也,以为性善可也。辞让必非生而具者,观夫儿童岐分果,必务多得,物必相竞,虽让之父兄,情有不厌。蛮貊之人家自为社交,相陵暴夺,掠禽鱼,争取畜产以为固然,此其事之有□者矣。荀子论性恶,不言恻隐为人所本无,但云顺情性则不辞让,让者悖于情性,虽令孟子与之对论,无以屈也。其云礼义生于圣人之为,则不然,圣人之性,宁独异人?人皆无辞让,而圣人独有辞让乎?《易·序卦》云:"屯者,物之始生也,物生必蒙。蒙者,物之稚也,物稚不可不养也。需者,饮食之道也,饮食必有讼。讼必有众起,众必有所比。比必有所畜,物畜然后有礼。"此真能明辞让所使者,太古无化之民,因给养而生争竞,争竞愈广,众比愈盛,又必储财以备久斗,斯时外扞强敌,期于僇力相处,若夫内争货财,宁有济理?由是自相约来,始行辞让,故始之以饮食,必有讼,终之以物畜,然后有礼见。让由争成,可谓本隐之显之论矣。孟喜说《易》曰:"阴阳养万物,必讼而成之,君臣养万民,亦讼而成之。"程迥《古占法》引僧一行所述。成者,成此理也。辞让既成习贯,若性恻隐,羞恶复旁,济之安行,谓之圣人,利行勉行,谓之君子。

随　笔

韩非《五蠹》云："古者丈夫不耕，草木之实足食也；妇人不织，禽兽之皮足衣也。不事力而养足，人民少而财有馀，故民不争。今人有五子不为多，子又有五子，大父未死而有二十五孙。是以人民众而财货寡，事力劳而供养薄，故民争。古之易财，非仁也，财多也；今之争夺，非鄙也，财寡也。"此说虽若成义，不悟木实兽皮，苟无定分，虽至足亦自相争，其渐至不敢争者，怨家敌国迫于肘腋故也。且尧舜之际，艰食鲜食，犹有厥之，稷教播种，禹益懋迁，仅乃得济，安得人民少、财有馀耶？汉至文景之末，家给人足，都鄙廪庾尽满，众庶街巷有马，由是人人先行义，绌耻辱，始可谓财多而不争矣。此事又在韩非身后，礼法既行，制有定分，故人民各治其生尔，若如太古无法之世，夺攘足以自活，安肯尽力田畜，虽欲人给家足，岂可得也！

庄生云："众雌而无雄，而又奚卵焉？"自古未有不诚而能定功者，荀卿称"粹而王，驳而伯"，此定论也。以五伯为假之者，只论齐桓一身，未知管仲之诚也。大氏人君材高，则名实皆系其君，文武是矣。人君材劣，则名系乎君，实系乎臣，周公辅成王，管仲相桓公是矣。责包茅、拜赐胙、拒子华、寝封禅，皆管子之力，故曰"一则仲父，再则仲父"，明管仲为雄而齐桓其雌也。若夫戎狄豺狼，陵轹诸夏，含识者谁不扼腕，虽秦王之筑长城以扞匈奴，亦曾非伪也。桓之伐山戎，斩孤竹，存邢救卫，西攘白狄，事定以还，己无所利焉，安得以为假之？若曰此恃力也，非恃仁义也，文王之御猃狁、喙昆夷，以兵力定之邪，抑传檄而走之耶？若曰以让饰争也，文王三分天下有其二，以服事殷，卒乃□黎兵加于王圻内，何不曰以让饰争耶？ 儒者喜诛意，必云无所为而为，然后为诚，此为修己言之则然尔，一涉王伯之事，彼以仁义求王天下，直仁义亦伪矣，斯作法自毙也。

《管子·心术下》篇云："金心在中，不可匿。外见于形容，可知于颜色。善气迎人，亲如弟兄；恶气迎人，害于戈兵。不言之言，闻于雷鼓。金心之形，明于日月，察于父母。"其言如此，而肯伪饰仁义乎？

梅福上书成帝曰："今不循伯者之道，乃欲以三代选举之法取当世之士，犹察伯乐之图求骐骥于市，而不可得也，变已明矣。一色成体谓之醇，白黑杂合谓之驳。欲以承平之法治暴秦之绪，犹以乡饮酒之礼理军市也。"此论王伯醇驳，亦同荀子。乃所谓伯者之道者，则延致俊杰无问资序而已，此亦非诚伪之所系也。

财散则民聚，故君子怀德，小人斯怀土矣。法行则知恩，故君子怀刑，小人斯怀惠矣。李充之能近之。

后汉贤士多在《逸民》，其次《独行》，若夫《党锢》之秀，独有范滂，至李膺已近标榜矣，张俭辈不足道也。

蜀先主少从卢子幹学，然所任儒者甚少。吴之张、顾皆醇儒，陆逊斥先刑后礼之论，亦儒家也。

《华阳国志》称诸葛亮定南中，收其俊杰，以孟获为御史中丞。中丞威摄百僚，乃以夷叟为之者，以其无族姻、远朋党也。尧不能去四凶，必待妫汭之鲧，犹是也。

孙仲谋之拒曹氏也，谋成于周、鲁，而张昭不与；晋明帝之讨王敦、成帝之破苏峻也，谋成于郗、温，王导乃因人之功耳。然魏武与仲谋书，以子布与刘备并论，欲令取之以效赤心；温峤、桓彝始至江东，并以导比夷吾，元功钜德，若无有先焉者，则以其能礼质附民，为国树本故也。仲谋乃云"从张公计，今已乞食"，可谓以一眚掩大德矣。导与周戴之死，岂无瑕疵？若庾亮之诋导，则出于忮忌耳。

谢安力存晋祚，而终身不言桓之过，以其功在诸夏也，北府练兵实也自温造端。

衰乱之世，岂乏正人，于魏陈泰，于晋王坦之，于宋蔡廓、蔡兴宗，皆是也。魏之粲，寝所乘车，足不履地，不言三十六载，视夷、齐、龚胜尤难。

魏世学未大丧，其始魏武所任，节义如王修，清白如国渊，骨鲠如崔琰，纯素如毛玠、徐邈，学行皆足以自辅。魏文虽慕通达，羔羊素丝之风犹存于士大夫间。郑门之王基，卢门之毓，布在朝列，可谓有守有为者，高堂隆之直谏，尤当时所难也。杜恕、桓范虽无周身之防，其持论足次周汉儒家也。玄言初作，嵇康犹是正人，夏侯玄亦尚以方严自守也。唯王沈以文籍先生称，而叛魏即晋，以成成济之祸；王肃以古学称，其子恺乃与石崇竞为奢侈豪，儒风荡然矣。

梁武帝初无失德，其始相如徐勉，将帅如韦睿、曹景宗，纵不能定河北，于以保持江左无难也。晚节一内侯景，势遂瓦解。或以梁武获前愎谏为过，此尚非其本。盖时将相无人，虽真士人少，本实已先拨矣。颜黄门《家训》言：“梁朝全盛之时，贵游子弟，多无学术，至于谚云：‘上车不落则著作，体中何如则秘书。’无不熏衣剃面，傅粉施朱，驾长檐车，跟高齿屐，坐棋子方褥，凭斑丝隐囊，列器玩于左右，从容出入，望若神仙。明经求第，则顾人答策；三九公宴，则假手赋诗。……及离乱之后，诸见俘虏，虽百世小人，知读《论语》、《孝经》者，尚为人师；虽千载冠冕，不晓书记者，莫不耕田养马。”如顾氏言，则视两晋膏粱博物止乎七篇者，又弥不逮，而骄佚或过之。士大夫如此，欲其致敌御侮，岂可得乎！获前愎谏，一人之过，逸居无教，则亿兆尽崩矣，国焉得不亡！

王绩《游北山赋》自注称其兄门人百数，有董恒、程元、贾琼、薛收、姚义、温彦博、杜淹，而不及房、杜、魏徵、陈叔达等。由今追观，玄龄少时已知隋祚不长，而仲淹方献《太平策》，以隋文之猜刻，太子广之奸狡，杨素之邪佞，乃欲其追比成康，其识不及玄龄远甚，知房必不事王也。魏徵于隋末为道士，诡托方外，亦无执挚儒门之理。陈叔达《答绩书》称“贤兄文中子”，是叔达亦非仲淹门人，又云“叔达亡国之馀，幸赖前烈，有隋之末，滥尸贵郡，因沾善诱，颇识大方”，则是尝以郡守下问部民，非著籍门下者也。绩书但举亡兄芮城，不及文中，果尝抗颜为师，安有不举为表旌者哉！唐初卿佐，薛收最少，其为仲淹门人，斯无可疑，然《中说》称“内史薛公令子收往事”，尚亦不谛，使道衡、重仲淹如此,不令作蜀郡司户书佐矣。

明中叶以后人主多不涉学,独世宗知之。乃若资辨捷疾,闻见甚敏,强足以拒谏,辨足以饰非,适自取危殆耳。其材盖与新莽、梁元无异。及愍帝效之,明遂不祀。录自章太炎《菿汉昌言》。

讲　义

礼①

——第五次纪念周与学生讲话

"礼"之一字,视之则简,然其意义实广大深远。自余到院迄今,于"礼"随时触发者尤多,如院长令诸生洒扫卧室,事虽细微,但含"礼"义;而补行开学典礼之日,教职员公献"击蒙御寇"之扁额,来宾累累提及,不知此言虽出于《易》,而亦与"礼"相关联。且论"礼"之言甚多,而研究"礼"之书籍亦不啻汗牛充栋,余今只就其大略言之,希诸生留意焉!

洒扫应对,为古学校教人之初步,今诸生视为琐务,因感古礼之废久矣,否则何奇视也若是? 仅以洒扫二字释礼,已非易事。曩昔程子有言曰:"洒扫应对进退,形而上之,便是精义入神。"又《礼记·曲礼》所云:"为长者粪之礼,必加帚于箕上,以袂拘而退。其尘不及长者,以箕自向而扱之。"余敢谓诸生虽逐日洒扫,然是否合于《曲礼》所说,是否了解洒扫与精义入神是一事,恐诸生亦不敢自承。再者"击蒙御寇"何以言与礼有关? 此四字原出《易经》蒙卦上九,然其象曰:"利用御寇,上下顺也。""上下顺"即是礼,何以言之?《易经》履卦大象谓:"上天下泽履,君子以

① 此文摘自湖南国立师范学院《国师季刊》第二期。撰文日期为 1938 年。

辨上下定民志。"履者,礼也。礼以辨上下,是上下顺即合于礼;合于礼,然后可以御寇。故曰:"利用御寇,上下顺也。"今吾国抗战方殷,而如汪精卫之发表艳电,即以见上下之不顺,是以人心不免为之摇动,此非细事也。

中国积弱原因虽多,而礼之不重,实居其首。吾国素称礼义之邦,而今名不符实矣!余友尝自西欧归来,称赞外人礼节之周到,而叹国人之无礼。余曰:"不然,即以扣门后入一事而言,试读中国古礼,即知古人本如此。如《曲礼》云:'将上堂,声必扬,将入户,视必下。''户外有履二,言闻则入,言不闻则不入。'又云:'户开则开,户阖即阖,有后入者阖而勿遂。'可见中国古礼与欧美今日所行正无有二,惜废坏已久耳!"礼之废,自晋人始,惟晋人无礼,故卒有五胡之乱。年来因感礼之废而有"新生活运动"之提倡,所谓新生活者,实老话重提、旧事新名也。礼、义、廉、耻,以"礼"为首。今促进"新生活运动"各地所题之标语谓"礼是规规矩矩的态度","规规矩矩的态度"固可谓"礼",然仅以此作礼之解释,未免小之乎其言礼矣!《礼记》谓"道德仁义,非礼不成","礼"之广大如此,岂仅态度之规规矩矩而已!盖人生日用,无处非礼。吾人今谓秩序者,礼也;修理者,亦礼也;自朝至暮,什物陈设之适度,有秩序,有条理,即一一合乎礼,不合乎礼,则纷乱不可看矣。故人之一饮一食,一言一动,皆当曲尽其"礼"。又如诸生之服装长短各有定制,亦礼也。依此类推,吾人实活动于"礼"之范围中,苟一日废礼,则若生物脱离空气而不能生活。

今一般幼稚浅薄者流,恒言礼教杀人,余友有子曾因婚姻之不适意,亦狂呼礼教杀人,余乃告曰:"苟汝父母不以'礼'相结合,则无待礼教杀汝,汝早无生命矣!"余更以为最自由莫过生活于礼之中,故中庸谓"君子无入而不自得"。何以自得?得之于"礼"耳!即庄子之逍遥游,亦逍遥于"礼"之中。何哉?原庄子出自老子,而老子最重礼,老子之重礼,可以《礼记·曾子问》孔子言礼,四称"吾闻诸老聃"证之。则晋人以老庄为自放于礼法之外,实亦不识老庄也。此因偶有所感,故提出"礼"字,以为诸生告。若其详,则更俟诸异日。

朱子之诗[①]

钟钟山先生讲　汤聘贤、欧阳德戚笔记

　　大家都知道朱子是一位理学家,许多人总以为理学家的思想太偏重于理,处处讲求严整而忽略情趣,所以朱子的诗也就很少人注意。其实读过朱子全集的人,便可知道他的为人亦是极饶有风趣的。今天选这个题目对大家讲,一方面使各位知道朱子的诗的特殊风格,一方面使因其诗而更知其为人,在《宋史·朱熹传》中曾有如下的一段记载:

　　乾道六年,工部侍郎胡铨以诗人荐,与王庭珪同召。

　　案:其时朱子年四十一岁,朱子文集有《跋胡澹庵和李承之》云:"顷岁当得一见先生于临安,其后遂叨荐宠,而不知所以得之,或有以为先生尝见其诗而喜之也。"

　　澹庵即胡铨之,字遂叨,荐宠即指此事,胡铨之荐朱子,不以他为

---

　　① 《国力月刊》是国民党国立师范学院党部 1941 年 1 月创办的,本文摘自《国力月刊》第 3—6 页。

理学家而以他为诗人，则朱子当时诗名噪于士林可知。又其《寄江文卿刘叔通诗》之三云："我穷初不为能诗，笑杀吹竽滥得痴，莫向人前浪分雪，世间真伪有谁知。"注云："仆不能为诗，往岁为澹庵胡公以此论荐，平生侥幸多赖此云。"

这是朱子的谦辞，亦朱子之感慨，因为自己并不以诗见长，而荐之者却因其诗而荐之，并非真能知其人也。由此可见朱子不仅是一个大理学家，而且是一位诗人，不过诗名为理学所掩，以是遂为人忽略耳。

朱子之为诗人，自有其渊源，朱子的父亲名松，字乔年，号韦斋，韦斋先生便是一位诗人，有《韦斋集》传世。河内傅安道自得序《韦斋集》云："故吏部员外郎韦斋先生朱公，建炎绍兴间诗名满天下，一时名公钜卿交口称荐，词人墨客，传写讽诵如不及。"

可见当时韦斋先生诗名之盛，朱子之诗大半得于父教。但朱子十四岁即丁父忧，何以说其诗得之于父亲之教呢？说来确是一桩奇迹，当朱子十一岁时，其父为他讲《后汉书》，至《光武本纪》昆阳之战时，朱子即问何以能若是，韦斋为之具道梗概，并书苏子瞻《昆阳赋》以畀之，朱子曾为之作跋，跋曰：

> 绍兴庚申，熹年十一岁，先君罢官行朝，寓建阳登高丘氏之居，暇日手书此赋以授熹，为说古今成败兴亡大致，慨然久之。

此跋自非十一岁所作，然后来记忆此事如此之亲切，则当时于韦斋先生所说，必能深切领会可知，此非绝顶聪明，曷克至此？又《韦斋集》中有《渔父》一诗，题云"用儿甥韵"，其诗云：

> 绿蓑青箬一身轻，卧看行云舟自横。米贱鱼肥美无度，不知东海正掀鲸。

案：儿即指朱子，可见当时朱子即能为诗，韦斋身经北宋之乱，蒿目时艰，故有"不知东海正掀鲸"之句，像这样艰深的诗句，写给一个十多岁的孩童看，如非绝顶聪明，焉能领悟其旨。故朱子之诗得之于父教者，乃其聪明超特之所致。关于韦斋先生的诗，从《韦斋集》传序中可以知道这一点，序云：

> 予少时学诗尝以作诗之要扣公，公不以辈晚遇我而许从游，间宿于闽部宪教从事官舍之东轩。夜对榻语，蝉联不休，比晨起，则积雨初霁，西风凄然，公因为予举简斋"开门知有雨，老树半身湿"，及韦苏州"诸生时列坐，共爱风满林"之句，且言古之诗人贵冲口直致，盖与彭泽"采菊东篱下，悠然见南山"同一关捩，三人者穷达虽有不同，诵此诗则可见其人之萧散清远，此殆太史公所谓难与俗人言者，予时心开神会，自是始知为诗之趣。

从这篇序言中，知道韦斋先生喜好陶渊明与韦应物的诗，后来朱子教人学诗也以陶、韦为主，如《与内弟程洵帖》云：

> 闻之诸先生皆云作诗须从陶柳门庭中来乃佳，不如是无以发萧散冲淡之趣，不免于局促尘埃，无繇到古人佳处也，如选诗及韦苏州诗亦不可熟读，然更须读语、孟以深其本。

这便是朱子之诗得于父教之最好证明。又朱子有叔名逢年，亦有诗名，世传其《玉澜集》，集中有《乙丑除夜永兴寄五二侄》一首，诗首云"残腊避新正，疾驰不可鞿。梅花相行色，更以风雨送"，中云"空闻米粟廉，不救干戈痛"，末云"桃塞强破蕊，鸟静独成哢。诗情写物色，心匠与巧衷。章草简阿戎，溪头试微讽"。案：五二即朱子排行，故朱子小名又叫五二。是年乙丑为绍兴十五年，其时朱子年才十六岁。其叔于迢迢千里之外寄诗给他,亦可证明朱子那时必能作诗,且后来朱子之诗亦颇类此风调,由此可证朱子之诗有得家教,不独其父一人而已。

其次朱子的诗得于其师刘屏山者尤多,韦斋先生弥留时,曾将朱子托于其友绩溪胡原仲、白水刘致中、屏山刘彦仲三人。屏山之兄为刘彦修名子羽,屏山名子翚,皆与韦斋交厚。韦斋殁,彦仲为筑宿于其里第之傍,朱子奉其母迁而居焉,因此遂得常与屏山游,其受屏山之影响亦极大。朱子之字元晦,即为屏山所取,其《字朱熹赋词》中有"木晦于根,春荣晔敷;人晦于身,神明内腴"之语,盖惧朱子聪明过甚而有害于学,故为此以勉之也。(词中有"真聪豁开,如源之方驶,望洋渺瀰,老我缩气"之语,即屏山称赞朱子聪明之辞。)《屏山集》中尚有《病中赏梅赠元晦老友诗》一首,诗云:"梅边无与谈,赖有其子至。荒寒一点香,足以酬天地。天地亦无心,受之自人意。韬白任新和,风味要如此。"

屏山与朱子如何相契,与期望朱子如何之切,可以知之矣。后来朱子有《跋家藏刘病翁遗帖》一文曰:"(前略)其后先生属疾,熹适行役在外,亟归互问,先生喜甚,顾而语曰,病中无可与语,幸有吾子之来归也。自是日奉汤药,先生所以教诏益详,期许益重,至为具道平生问学次第,倾倒无馀。一日从容因出诗一篇见授,先生性不喜书,常时诗文率多口占,使诸生执笔,独此与刘致明丈长句皆手书之,其意可知也。"

所云出诗一篇盖即此诗,病翁者屏山别号也,此时朱子亦年只十七八耳,朱子又尝《跋病翁先生》诗云:"此病翁先生少时所作闻筝诗也,规模意态,全是学《文选》、《乐府》诸篇,不杂近时俗作。"

后朱子教人学诗须熟观选诗,便是受了屏山的影响。屏山之诗造诣甚深,声名亦著,今略举数句,便可知其诗之风格了。如《凉月诗》之"凉月未出山,浮云半空白",《同胡原仲胡公路游清端亭赋诗得流字》云"风光近仍灭,鸟语静复流",又如《四不忍诗》之二云"黄河凿凿冰成路,人语寒空气成雾"诸句,其造句之工,写景之真,都不是常人所能及的,世传《屏山集》,后来朱子为诗多脱胎于此,以此知道朱子朱诗的渊源,除了得之于家教外,便是得之于师的。

现在我们要讲到朱子的诗了,朱子的诗以五古为最佳,这也是因为他学陶韦及选诗的缘故,他的《斋居感兴二十首》最负盛名,原诗不能备举,姑引其序,便可知道他为诗之意了。序曰:

> 余读陈子昂《感遇》诗,爱其诗皆幽邃,音节豪宕,非当世词人所及,如丹砂空青,金膏水碧,虽近乏世用,而实物外难得自然之奇宝。欲效其体作十数篇,顾以思致平凡,笔力萎弱,竟不能就。然亦恨其不精于理,而自托于仙佛之间以为高也。斋居无事,偶书所见,得二十篇。虽不能探索微眇,追迹前言,然皆切于日用之实,故言近而易知。既以自警,且以贻诸同志云。

朱子的诗便在其旨切实,其言近易,后人以朱诗多言理而少言情,遂颇轻之,其实作诗之旨,并不只是言性灵,如《诗经·大雅·烝民》之篇云"天生烝民,有物有则。民之秉彝,好是懿德",及《卫风·淇澳》之篇,都是言理的诗,而孔子对这两首诗都十分推崇,后人不能深通其旨,遂以为言理的都不是好诗,真是大谬之见。况且朱子的诗也并不全是讲理而所作,言情写景都十分动人,如《六月十五日诣水公庵雨作》"云起欲为雨,中川分晦明。才惊横岭断,已觉疏林鸣",写得如何传神;又如《次韵刘彦采观雪》"翳空乍灭没,散影还参差",以及"渐看谷树变,稍觉丛篁低。皎然遂同色,宇宙乃尔奇"之句,岂是常辈所能写出,此写景之妙也。至于言情的诗如游南岳《读林择之二诗有感》,其二云"竹舆傲兀听呕哑,合眼归心便到家。游子上堂慈母笑,岂知行李尚天涯",一片真情深入人心,言情的诗写到如此感人,岂是易事? 可见俗人之轻朱诗,实由未曾读过,故不知之,于朱子固无所损也。朱子的诗,最大的特色便是能将理纳入情中,使情理溶成一片,如《读书有感》:

半亩方塘一鉴开，天光云影共徘徊。问渠那得清如许，为有源头活水来。

表面是写景而实在是言自己读书悟道有得之诗，其中"为有源头活水来"一句，即孟子"源泉混混，不舍昼夜"之义，朱子教人作诗须读《论》、《孟》以深其本，人总不以为然，读了此诗，便知朱子的话确有道理了。又如：

昨夜江边春水生，艨艟巨舰一毛轻。向来枉费推移力，此日中流自在行。

把学道比作行舟，学未成时枉费推移之力，学成之后便能从心所欲不逾矩了。此全是穷理穷得分明，才说到此而又能将情景与理溶成一片，虽言理亦风趣盎然，人不觉其寡味，朱子尝言"未许诗情与道妨"正是自道之语。

朱子的诗，自是古诗最好，而律诗即亦未尝不精，前所举几首绝句亦可窥其大凡了。至于五律、七律好者尽多，大抵律诗须要通首一气、宛转相生、局势整然才是佳作，朱子集中，五律如《残腊》一首：

残腊生春序，愁霖逼岁昏。小红敷艳萼，众绿被陈根。阴壑泉方注，原田水欲浑。农家向东作，百事集柴门。

《登定王台》一首：

寂寞番君后，光华帝子来。千年馀故国，万事只空台。日月东西见，湖山表里开。从知爽鸠乐，莫作雍门哀。

讲　义

七律如《梦山中故人》：

　　　风雨萧萧已送愁，不堪怀抱更离忧。故人只在千岩里，桂树
无端一夜秋。把袖追观劳梦寐，举杯相属暂绸缪。觉来却是天涯
客，檐响潺潺泻未休。

《九日登天湖分韵得归字之作》：

　　　去岁潇湘重九时，满城寒雨客思归。故山此日还佳节，黄菊
消尊更晚晖。短发无多休落帽，长风不断且吹衣。相看下视人寰
小，只合从今老翠微。

　　这几首皆是这种好诗，于七律二首尤可看出。以视后人作五律、
七律只在句上求工，便有一用对好句、前后飣饾不成片段者，何啻天地
之别，所以有人说朱子不长于律诗亦是外行语。

　　有宋以来，理学家中诗能成大家者，惟朱子一人而已。周子文极
精粹而诗不多，大程子之诗虽好而所作亦少，张子、小程子则不能诗，
惟朱子之诗甚多，故张伯行《正谊堂丛书》所辑《濂洛风雅》中亦以朱子
之诗为最多。同时之人如陆象山不能诗，张南轩、吕东莱虽有诗，亦远
逊于朱子。明代理学家如王阳明，诗有逸气而不能成家，陈白沙之诗
虽能自成一家，而比朱子亦比不上，盖白沙之诗虽天机一片，与邵尧夫
《击壤集》同一机杼，但终嫌粗率不奇，朱子之诗既有天机又有学力也。
是以理学家中，能诗者盖无过于朱子，朱子的诗的确是前无古人后无
来者的作品，做他以前的诗人，往往情胜于理，后之诗人不是不合于理
便是满篇头巾气，只有朱子的诗，真能将情理混诗为一，这便是朱诗之
最有价值之处。

华东师范大学各课每单元讲授提纲

（一九五一年度一学期）

系组　中文系　**教师**　钟泰

学程　历代散文选

单元　第一阶段第一单元

章　第一篇　第二篇散文

教学目标

一、使学生了解由周到秦此一时代中文学遗产之丰富，能批判的加以接受。认识西周之末以至东周中叶即春秋时代之风格。

二、使学生从此两篇文章中能认识并欣赏此时代封建社会代表人物思想之进步，从而促进其热爱祖国的心情。

三、与中国文学史相配合，从此两文中提出古文字通假一问题，使学生能认识声音与文字关合的法则，通过此两篇文章使学生认识此一时代代表人物思想之进步，以及所反映的文物制度之盛。

讲授提纲：

第一单元共有文九篇，兹将讲授提纲，简略的分叙如下。

一、《国语》"厉王使卫巫监谤"　此篇主旨在昭示人民力量之不可侮，言论自由之不可侵犯。虽在封建王朝，有昧于此者，必不能以存在。所谓"防民之口甚于

302

讲 义

防川","口之宣言也善败于是乎兴",其思想之开明,言论之恳至,如召穆公者,实乃一时之杰出。讲授之时,自应本此义而推阐之。

二、《左传》"子产不毁乡校" 此篇与上篇义相关合。而尤当注意者,则于此可见教育与政治不能孤立,虽在封建之时,亦有能见及之者。子产曰:"其所善者吾则行之,其所恶者吾则改之,是吾师也。"虚心纳善,岂独执政,若教师,若学生,因皆当效法之矣。讲授时当围绕此中心,启发学生努力于政治学习。若于政治认识不清,而肆口讥弹人物,则所不取。并应于此剀切申说,是又文外之义已。

三、《左传》"冉有入齐师" 此篇为爱国御侮之最好模范,而又可见贵族阶级与人民利害之不一致。传文与此两两对立写出,实最显豁动人。后插入孔子执干戈以卫社稷之言,尤为有味。更可见孔子教学生与国人爱其祖国者,情意深切。有识者真能批判地接受文化遗产,则于此文自不能弁髦弃之。

四、《论语》孔子论学诸章 此篇共采十三章,旨在使学生建立学习观点。如"学而不思则罔,思而不学则殆"一章,即理论与实践相结合之旨。六言六蔽一章,即从学习中改正偏向之意。

五、《孟子》"齐宣王问曰齐桓晋文之事可得乎"章 案:儒者贱视霸术,与今日反对侵略反对帝国主义正如出一辙。盖时代虽有古今,社会组织虽有不同,而其身受战争之惨,目睹战争之破坏文化,破坏经济,更无有异。则孟子所云保民而王,所云仁术,其与当时所谓民贼,如纵横攻战之徒,固大相径庭矣。至言制民之产,百亩之田,五亩之宅,则平民之利,而非封建地主之所能接受。是以目为迂阔而远于事情,而所如不合也。《教学大纲》已言此篇与反对帝国主义、土地改革可相结合,讲授时自当一依此旨。

六、《庄子·养生主》篇"庖丁解牛"节 周秦诸子之文,佳者太多,以限于时间,未能多采。若庄子之文,体物绘形,入神入妙,实足与孟子相匹敌。此节借庖丁解牛写能者处事得心应手,真学习之极功,而实践之妙境。学者傥能于此有所领会,当裨益其写作能力不少。讲授重点亦即略注于此。

七、《国策》"鲁仲连义不帝秦" 此篇与反帝相结合,《教学大纲》已言及之。然秦军之引去,实由于信陵军威之盛。《策》云:"适会魏公子无忌夺晋鄙军以救赵击秦。"用适会二字,意若邯郸解围,功在鲁连,而信陵适逢其会者,盖文在扬连,实主之势,固应如此也。顾即以事实论,向非鲁连之言,平原已从辛垣衍之说而附于秦,则魏师之出,亦徒然耳。然抗虎狼之秦,终仗实力,而非可以空言取胜。观于今日之援朝抗美,其理尤显,此则当强调者也。

八、《荀子·王制》篇"王夺之人"节　案:所谓夺者,犹今云争取之也。此篇与上讲《孟子》一章义相关合,而尤可影射今日之和平签名运动。其云:"人之民日欲与我斗,吾民日不欲为我斗。"美帝今日之苦闷,正复如此。然则社会主义阵营与资本主义阵营,孰成孰败,孰胜孰负,观于此文,可以决之矣。讲授大旨,盖即在此。

九、《吕氏春秋·察传》篇　此篇盖言传言之不可信,当缘物之情及人之情而察夺之。与客观唯物之旨相合。即本此义以为讲授之大纲。

参考书
学生用
《国语》、《左传》、《史记》、《经传释词》、《经词衍释》

教师用
一、参考《史记·周本纪》厉王一段。

二、参考《诗经·郑风·子衿》之诗,参考《史记·循吏传》子产传。

三、参考《论语》涉及冉有、樊迟各章,《礼记·檀弓下》篇"公叔禺人"一段。

四、参考朱子《论语集注》有关各章注解。

五、参考《孟子·滕文公》问为国、有为神农之言者许行及五霸桓公为盛二章。

六、参考《庄子·达生篇》仲尼适楚即痀偻承蜩节、梓庆削木为鐻节。

七、参考《史记·信陵君列传》。

八、参考《史记》列传。

九、参考汉高诱《吕氏春秋叙》及毕阮刻本附《黄氏日钞》及《方孝孺论》两条。

讨论问题(教师用)
一、1. 有人云:"强夺之地,昔之帝国主义极力开拓殖民地,有似于此。霸夺之与今之帝国主义闹大西洋联盟、太平洋联盟,有似于此。"此言确否?

　　2. 荀子之文与孟子之文,风格有无相似之处?

二、1. 文言验之于理,此理从何处得来,又理必可信否?

　　2. 类非而是、类是而非之辞甚夥,能于本文之外更举数条否?

　　3. 读周秦间文后,又细自检点有无得益之处。

讲　义

学生复习题

一、1. 古所谓达民隐，如文中所说"庶人传语，近臣尽规，亲戚补察"，与今之言论自由，是否尽合？

2. 当时所谓周召共和，当作何解释，与今言人民共和国共和之义有何不同？

3. 此文之优点何在？

二、1. 孔子称子产以仁，其仁究从何处见之？

2. 防川之说，与上文取譬正同。然子产与召公用意有否相异之处？

三、1. 孔子鲁人，既主抗齐，何以又干齐景公，是否矛盾？

2. 冉有仕于季氏，为季氏所信用，何以不能改易季氏畏齐之意？

3. 此篇文字结构之妙何在？

四、1. 思与学究以何者为重？

2. 六言皆善，名何以有蔽？又学何以能祛蔽？

3. 博约二字，当如何解释，其关系密切处何在？

五、1. 齐王之大欲，与仕者、耕者、商贾、行旅以及天下欲疾其君者，诸人之欲，是否可以相容？

2. 无恒产而有恒心，士何以能之。今有其人否？

3. 读孟子之文，有何感想，并有何得处？

六、1. 庄子之文与孟子之文，风格有无不同？

2. "所见无非牛者"句正解如何？ 何以由此三年之后，便能目无全牛？

3. 旧读踌躇满志为句，吾今于踌躇句，于文于理，果优于旧否？

七、1. 此篇前后关合处在哪几句？ 又此篇何以不宜于分段？

2. 鲁连人品之高在何处？

3. 秦军以魏公子来救而引去，则鲁连义折辛垣衍，究有何功？（以下填入讨论问题栏）

时数

讲授　二十一小时　　复习　七小时

论文　　　　　　　　自学　七小时

备注　复习七学时，系指问答讨论言。讨论题与学生复习题合并一处，似较实际,故不另开列。

注(1) 教学方法(包括参观,实习,实验等)可在备注栏内注明。

注(2) 在各学程各个单元开讲前,请先填就一张,交教学小组讨论,送系主任核定(如无教学小组之学程则径交系主任核定)

成为定稿后,再一式填就两份,一份由系主任保存备查,一份由系主任汇交教务处备查。

华东师范大学各课教学大纲

（一九五一年度第一学期）

系（科）　中文

学程名称　历代散文选

任课教师　钟泰

全年或半年课程　全年

必修或进修　必修

年级　二年级下

选读人数

目标

目标有四。

一、培养学生正确地了解、批判并欣赏自周秦以至明清历代散文的能力。

二、通过本课，使学生获有关文字、训诂及所谓文言文的文法组织此类一般的知识，筑下能自行阅读古典文学的根底。

三、使学生于批判地接受文学遗产中，养成高度的热爱祖国的意识与情绪。

四、作为中国文学史的辅助，尽可能与文学史相结合。

主要内容及章节

本范围限于历代散文，故骈偶的文字以及说部、平话之类皆让之他课。略依时代划分四个阶段。第一阶段为周秦,第二阶段为两汉三国六朝,第三阶段为唐五代宋,第四阶段为辽金元明清。选材标准,第一,须具有代表性,即代表某一时代比较的进步作者之文。第二,须不悖于马列主义与毛泽东思想。第三,能与时事相结合。本学期所讲授第一第二两节者之文。如《国策》选"鲁连义不帝秦"即结合抗美,《史记》选"朝鲜列传"即结合援朝,董仲舒文取"限民名田"即结合土地改革,而《孟子》取"齐桓晋文之事可得闻乎"一章,则与反对帝国主义、土地改革,并可相结合。是所选各文,并开列如下:《国语》厉王使卫巫监谤,《左传》郑子产不毁乡校,同上冉有入齐师,《论语》孔子论学诸章,《孟子》齐桓晋文之事可得闻乎章,《庄子·养生主篇》庖丁解牛节,《国策》鲁仲连义不帝秦,《荀子·王制篇》王夺之人节,《吕氏春秋·察传篇》。以上第一单元周秦。贾谊《先醒篇》,董仲舒《限民名田议》,司马迁《史记·朝鲜列传》,班固《汉书·河间献王传》,王充《论衡·自纪篇》,充书形露易观节,傅玄《马钧传》,陶潜《桃花源记》,范缜《神灭论》,苏绰《奏行六条诏书》之三尽地利。以上第二单元汉魏六朝。本学期讲授前两阶段。周秦选文九篇,列作七个单元。两汉三国六朝亦选文九篇列作八个单元。详细篇名见教学进度栏。

教学进度(注1)

周次		时数	
1	厉王使卫巫监谤	一时半	
	郑子产不毁乡校	一时半	合一单元
2	冉有入齐师	三时	
3	《论语》孔子论学诸章	三时	
4	《孟子》齐桓晋文之事可得闻乎章	三时	
5	《荀子·王制篇》王夺之人节	一时	4,5合一单元
6	鲁仲连义不帝秦 三时 庄 子	二时	
7	察传篇 二时 第一阶段总结	一时	
8	先醒篇	三时	
9	限民名田议 二时 朝鲜列传	一时	
10	朝鲜 二时 河间献王传 一时		合一单元

11	王充自纪	二时	马钧传	一时
12	马钧传	二时	桃花源记	一时
13	桃花	一时	神灭论	二时
14	神灭	二时	尽地利	一时
15	尽地利	一时	第二阶段总结	二时

教材(注2)

各文由教者自选。其所据各书,有《国语》、《左传》、《论语》、《孟子》、《战国策》、《荀子》、《吕氏春秋》、贾子《新书》、《史记》、《汉书》、王充《论衡》、《三国志注》、《陶渊明集》、姚思廉《梁书》、令狐德棻《周书》、严可均辑《全上古三代秦汉三国六朝文》等。

参考书(注3)

指定必读之参考书,为汉人刘向所著《说苑》一种,共六册,商务书馆出版《四部丛刊》本。此书收采周秦之间以及汉初异闻佚事甚多,而篇幅不长,文字浅显,于学习古代散文最有裨益。现今新编关于古代散文可供参考之用者,一时尚不易得,故权用此书。至讲授各文,有必须参考他书者,种类非一,不胜枚举,又过于零碎,系根据各篇性质而规定,详见讲授提纲。兹并从略。

教学方法(注4)

所选文中,有非注释不得明白者,为节省课内时间计,皆由教者于所印发文章后用文字详为注释,先令学生自作准备。讲授时,除阐发作者思想、时代背景、文章技巧以及研读此文当如何与时事相结合外,并就所加注释提出古今用字之不同,文章组织文法之不同,令学生质问讨论,务使于此得一原则性的了解,从而渐自走上研求古籍的道路。总之教学方法力避死的灌注,而采用活的启发,随宜应机,有非可以言语文字尽者。至教学效果检查,学生成绩检查,自当严格履行,以期教学相长。

每周学习时间之预计

课内(注5) 演讲三时。问答讨论一时,实验、实习、习作,合计时数四时,共计学时数五时。

课外(注6) 阅读课本、参考书半时,习作、讨论、论文报告、温课整理,合计时数一时。

备注

教学进度所填时数系专指演讲即讲解时数。

《荀子》之文以时代论应列在《庄子》之后,因其与《孟子》一章相关,合并作一个单元,故权移于前。

注(1)教学进度——包括讲授、复习、熟练、实习、参观等项。

注(2)教　　材——如系采用一定的教本,请注明该教本名称、著者、出版者、出版年月、何种文字等项。如系采用讲义讲授提纲,或笔记,亦请注明主要依据的著作。

注(3)参考书——系指指定学生必读之参考书,请注明名称、著者、出版者、出版年月、何种文字等项。何者须全部阅读,何者只须阅读一部分。

注(4)教学方法——教学方法中包括准备功课,讲授,复习,实习,教学效果检查,学生成绩检查,学生自学指导的。

注(5)课内学习——复习,实验,实习时间均准备排在功课表内。

注(6)课外学习——课外学习时间请按照约略平均时数填写。

注(7)本表请先填就一张,于开课前交教学小组讨论,送系主任核定(如无教学小组之学程则径交系主任核定)或为定稿后,再一式填就两份:一份由系主任保存备查,一份由系主任汇交教务处备查并分别抄报华东及中央教育部。

其他

土 改 小 结（一）

　　我本生在寒素之家，然叨窃时会，从日本留学回来后，即在各专门学校与大学、中学任职，生活便在一般中人之家以上。抗战时辗转湘、贵各地，以为我也能吃苦了，到了宿县，住进了农村，才觉得生活去湘、贵又不知远了多少。这时便当念及农村之苦与平日享受之过，存一个对不起老百姓的心，可是第一个念头起处，便恐怕营养不足，损害了身体。这种自私自利之心，一触便发，时时克制，时时作祟，方知向来挂在口头的"我能吃苦"，只是自欺罢了，此当自己批评检讨者一。当在上海动身时，我尝自己发愿，不要把都市的奢侈烂漫的坏风气带到农村去，而要把农村俭朴笃实的风气带回上海。而自打符离集起，买热水瓶，买桅灯，买木瓜，吃烧鸡，依然是在上海时生活的一套。下乡以后，离不了鸡蛋，离不了包糖，于是我住的居停的主人就说"你们上海人，怎么能到我们这苦地方来"。这正如一声闷雷，打得我把所发的愿心忽然提起，又觉得这愿心早已粉碎了。虚发大愿，不能实践，此当自己批评检讨者二。上级与同人十分照顾我，然则我就无可以自尽其力的地方？我想在村前村后深入地与农民接近，了解农民情况，可以帮助农民、帮助工作之处就不为少，可是并这层我也未能好好做到。

313

有可以自便之处，我就自便了，让我省力，我也就省力了，所以直到写此文字之日，自问一个半月中，贡献到农民的实在太微小，而农民遇到我，却亲热地问长问短，虽不面红耳赤，内心里却有说不出的一种苦辣滋味，此是我当批评检讨者三。

　　总之，我在此次土改中，缺点甚多，虽欲自谩也谩不过。所可引以为慰的，惟有以行将就木之年，竟得眼见此农民翻身，封建摧毁，伟大的运动之成。而于此一大运动中，虽不肖如我，亦得厕与其列，总算不虚生浪死了。此则共产党与毛主席之赐，终身不能忘却者也。

土改小结（二）^①

　　我连续的读了《土改生活》三期，其间有表扬，有批评，对受表扬的，固是十分佩服，对被批评的，尤其觉得羡慕不胜。这话怎讲呢？人有过错，往往不能自知，有人把它指点出来，便是改过迁善的一条路径。以我个人论，为了年岁较长的缘故，虽说争取参加了这次宿县土地改革，而处处受着照顾。中文系师生派在时村区工作，我是中文系一分子，自应也到时村。当时领导上说路太远了，不肯让我去，到永安区苏秦村后，留在县级任检查工作。大家到蒿沟去检查，我亦应当去，领导上又说路太远，极力劝阻，会苏秦村工作不易展开，即留我在本村工作。这也算实际参加工作了，但工作中，共事的干部以及同学，都不肯把繁难的事让我做。有一日夜晚，露天开会，受了点凉，第二日人小不适，于是夜晚开会也就不让我参加了。处处在照顾之中，即有不到的地方，我想是无人会批评我的，于是我就置在不论不议之列，成了可有可无的人。然则见人受到批评，可以有进步的机会，能不羡慕么？我虽不肖，我却不愿在"衰老"两字之

　　① 前后两篇小结，为钟泰先生1951年参加华东师范大学"土改"工作队工作结束后所作，文中标题为钟斌所加。

下自甘暴弃。所以人虽不能评我,我便当自己批评一番。庶几令大家知道知道,我非怙过之人,于我的错处、短处,以及不留心忽略之处,肯提出来规劝我,告诫我,则我庆幸多矣。

从参加皖北土地改革实践
中认识到阶级斗争的真理^①

　　当我首先响应参加皖北土地改革时,曾作过如此的谈话说:"分配土地,是儒家多年的理想。孟子主张一夫授田亩,便是这理想的开端。后世儒者常说'不行井田,不能复三代之盛'。宋时张横渠,以为井田虽不能行之天下,尤可验之一乡,欲与学者买田一方划为数井,于其间正经界、分宅里、立敛法、广储蓄、兴学校、成礼俗,便亦是此种愿望。今日人民政府实行土地改革,可说是将儒家理想实现了。所以我以一个寝馈于儒家学说的人,应当出一分力,参加此一工作。不敢自欺。"

　　我当时的见解,确确实实是如此。后来听了几次报告,说土地改革乃是一系列的斗争,并且是坚强的、猛烈的。心上便不免起了一种波动,以为这与孟子所谓"不忍人之政"、宋儒所谓"《关雎》、《麟趾》之意"有了个距离。但又听到现在是保存富农经济,即对于地主,也不采过去扫地出门的政策,不没收浮财,而且同样分与土地,令其劳动改造,生产自给。对政府的政策,便也信赖多于怀疑。如此半明半昧的

---

① 此文为钟泰先生 1951 年参加华东师范大学"土改"工作队工作结束后所作。

走上了征途,高高兴兴地到了符离集。由符离集到宿县所在地,再由时村乡到永安区,始住野楼村,后移苏秦村。始由领导上派作检查工作,后再实际参加苏秦村工作,从第一阶段宣传动员,做到第三阶段没收分配。这当中接触到工部,接触到农民,参与了诉苦会,参与了斗争会,亲眼见到佃农、贫农所受地主的压迫剥削,亲眼亲耳见到听到地主阶级的凶残狡猾。更瞻望农民组织起来后光明的远景,为工业化创造了条件、铺平了道路。然后恍然大悟从前所想,虽也是历史的事实,终未脱书生之见。更深刻的说,可说是冬烘头脑,拟不于伦。

自孟子以来所讲井田,以及北周李唐一时行过的口分世业之制,皆是自上而下的。所以孟子说:"明君制民之产,必使仰足以事父母,俯足以畜妻子。"惟其自上而下,惟其是明君制民之产,所以称之为仁政。这正如欲从豺虎口中夺食,统治阶级是不愿受明君之虚名,而丧其征敛剥削之实的。于是井田便成了空想,口分世业也仅是一时的空文。下至贾似道,乃更藉公田之名,而行其敲骨吸髓的掊克聚敛。然则封建的统治阶级,是可以不动干戈而用口舌说服的么?到此我更想到毛主席在《湖南农民运动考察报告》中说:"革命不是请客吃饭,不是做文章,不是绘画绣花,不能那样雅致,那样从容不迫、文质彬彬,那样温良恭俭让。革命是暴动,是一个阶级推翻一个阶级的暴烈的行动。农村革命是农民阶级推翻封建地主阶级的权力的革命。农民若不用极大的力量,决不能推翻几千年根深蒂固的地主权力。"这真是石破天惊的议论!所以此次的土地改革,乃是自下而上的。先要宣传动员,先要发动群众,要依靠贫雇农,团结中农,起来与地主斗争。于是阶级显然,毫不容情地面对面展开了斗理、斗法、斗智。所以说是一系列的斗争,而决不能包办代替。更不能以一纸公文推行而无阻。皖北地主虽多横暴,若论狡黠,则尚远不及江南。然观其多方转移地亩,隐匿粮食,甚至贿买地方干部,蒙蔽工作人员,自托于富农,以求混过一时,为卷土重来之计。用心之巧,设计之周,若非赖本乡本村贫雇农兄弟,出而揭其隐私,发其恶迹,将其威风打倒,势力铲除,可以断言土地改革决不能完成。即使一时完成,不久仍将回复到豪强兼并。则农民之苦,必且有加无已,而革命大业亦且随之而隳。更谈甚农村光明的远景,谈甚为工业化铺平道路。

我于此一个多月亲身体验中,深深地认识到土地改革是革命,是斗争,而非辩明阶级、站定立场,即不能从事于此种革命、此种斗争。乃欲以孟子井田之说,后世儒者取法三代的空谈,来相比附,真乃忘却社会发展的原则,于马列主义,奚止去题万里。我真自愧,不但是墨守陈言,黯于时变,简直是思想模糊,于事于理,粗疏笼侗,不能深入了解,读书多少年,可谓一无所得。然而因此却启发我急于学习马列主义与毛泽东思想的心思,逢有学习的机会,我必尽我之力切实钻研,以求真能沟通贯彻。抑即得此小小收获使我于读书论事,已换了一副眼光。如朱子知彰州时,力主行经界,这也是历史上土地问题的一件大事。当时朱子访事宜、择人物,定方量之法,规模甚具,卒以土居豪右侵渔贫弱者种种沮扰,而宰相留正本是泉州人,听其戚党之说,亦以为扰民不可行,事遂中格,朱子亦以此去官。从前我总归罪于留正,而为朱子不得行其志叹息。于今看来,则觉朱子亦不能无过。为甚么便听豪右沮扰,为甚么不能结合农民大众而与留正一辈人搏斗。常听人说"儒家缺乏革命性,所以只能为专制帝王作帮闲,而脱离了人民与其自己的理想相违背"。以今日土地改革所取方法来衡古人,则不得不认此言为一针见血。

我这个喜欢读儒书的人,真也不能不蜕变了。我以为经过参加土地改革后,我思想上最大的转变莫过于此。其馀也有不少改变的地方,然比之阶级立场、斗争意识,则皆系零星枝叶,故不更一一叙述。我很庆幸,政府容我以一个迂腐的知识分子,竟得参与此轰轰烈烈的土地改革运动,获得如此深切的认识,作为脱胎换骨的开头。我更感谢政府以及领导上处处与我以照顾,使我在两月之中,精神身体似乎都增加了活力,得以始终如一地完成了任务。我唯有益求前进,尽此馀年,以效力于人民与祖国,作为报称,特书数言以当息壤。

辞职第一书与刘佛年、许士仁①

　　窃泰自到校以来，受廪已及五月，而开讲仅有三周，禄浮于力，功不补愆。清夜以思，实深内疚。今《文选》课既停罢，教授名更不存。"不素餐兮"，诵魏人之刺诗；"无事而食"，怀孟轲之深诫。念惟引身而退，庶几于心可安。况抗美未毕国外之师，建设方有十年之计，军需正亟，国用益紧。故生产节约日号召于国人，浪费贪污且致严于刑典。泰纵无财可输以助国，宁忍干脩自饱以损公事？异矫情，辞无虚饰。硁硁之行，知见鄙于通人；耿耿之愚，冀邀察于知我。孟、孙、廖三校长前，更不作启，惟乞代陈，善为我辞，得请后已。祷切，祷切！

---

　　① 根据钟泰先生 1952 年 2 月 18 日手稿整理。

辞 职 第 三 书^①

承书以大义见责,泰知罪矣。顾材性有能与不能,体力有可强与不可强。谨守绳墨,不失尺寸,此泰之所能也;恢弘气宇,通达无滞,此泰之所未能也。随众学习,依时进退,此泰之所可强也;仆仆道途,腰□酸痛,风雨寒暑不得停止,此泰之所难强也。不仅此也,三五年来溲溺频数,乘车、开会为时过久则内急难忍,胞涨欲裂,苦不堪状!泰往来学校必经公园,宁可步行不辞迂道,盖亦为此耳。又四十之年患有忡忡之病,医治经岁,幸以得瘳,而神经衰弱卒成痼症。从容安静,亦得佳眠,偶遇烦剧,或刻期早起,则一觉之后终夜转侧,更不得睡。翌日便舌干胸恶、思虑迟钝,至熟记之事屡思不得,把笔逾时不出一字。甚则耳鸣头眩,时欲僵仆。前者东北大学校长吕君来校讲演时,即便如此,虽当时勉自挣扎,而坛上所云竟不能辨作何语。此又虽欲强之,而万万非其所堪者。所以隐忍未言,诚以境非身历,言之于人不足取信,或且疑为虚辞,只增过咎。然会中容色倦态,欠伸时作,亦可证也。察其不能,谅其不可强,哀其困

---

① 此文根据钟泰先生 1952 年 2 月 28 日手稿整理。

顿,许其退休,是则不得不望之仁者。倘以前请窒碍,有妨于集体,即恳以告老论,此于校章国法更无禁抑之文,即公义私情,合有允从之理。迫切陈词,惶恐惶恐! 校徽邮寄未便,一二日内当托人代向总务处缴纳。谨以附闻。

未　完　文^①

读毛主席《改造我们的学习》一文，提出研究现状、研究历史、运用马列主义三件事，这在我都是很缺乏的。比较的，于中国历史稍稍有点认识，尚不至于把祖宗全忘记了。然而，我读历史全是旧观点，不是用历史唯物论的方法，以此所见的，就错误的多，而正确少。我想三件事中，当以马列主义为最急，盖研究历史、研究现状皆必须以此为武器也。自恨数年以来于此很少着力，现当力起急追。但炳烛之光能得多少，殊不可知耳。

我教书多年，因为不注意研究现状，就大大地犯了主观主义的错误。常常以自己读书的方法，教学生照样去做，学生有不能照样做者，不是怪他们不用功，便是责他们根底差，甚至迁怒到受了外面坏风气、反对读死书的影响，以为书那有死的，只是你不会读便成了死书了。又常说："读且未读，从何知道他是死书呢？是活书呢？"今日想来，马列主义尚须善于运用，不善运用便成了教条。何况我区区读书，所得正所谓一知半解，便死抱定，以此教人不能随方应变，而欲纳之于一定

<hr>

① 　此文根据钟泰先生 1952 年 2 月手稿整理。题目为整理者所加。

323

的形式之中，岂止是闭门造车，出不合辙，即如毛主席所说，拿了律己则害了自己，拿了教人则害了别人。我害人亦多矣！可不急里改途易辙乎！

有人说："思想改造并不是现在才有的事情，历代帝王皆曾用孔孟的学说来改造知识分子的思想，不过不肯说出来。现在是代表人民利益的政府，所以敢公开地对知识分子说要用马列主义与毛泽东思想来改造知识分子。这真是俗语所云'打开窗子说亮话'，痛快极了！"然我以为此中尚有大不同者，在历代帝王改造知识分子，是怕他造反、是怕他不为我用。所以唐太宗看了新进士缀班而出，便欢喜地说道："天下英雄尽入我彀中矣！"而明太祖定律就有了不为君用之科。可见改造知识分子，只是为自己统治的利益谋，不是为知识分子出身谋，至于说为老百姓谋，就更无其事了。若今日提出改造知识分子的思想，则是为国家计、为人民计，亦且为知识分子本身计。所谓"为知识分子本身计"者，这道理很明白。解放以来，中国已面貌一新，这几年的突飞猛进，旧知识分子已远落在革命形势的后面，若不从改造思想中求得进步，便将成为弃才，为社会所扬弃，此其一。既不进步，便将为进步的障碍，成为障碍则不独社会不能我容，我亦无以自安于社会，这便成了知识分子的悲剧，然则今得有改造的机会，不是知识分子的幸运么？这正是国家爱惜人才所以出此。毛主席说知识分子思想改造是走向工业化的一个条件，其意可见。所以我以为这不独是为国家计、为人民计，亦是为知识分子本身计。明乎此，则知与历代帝王改造知识分子为巩固其统治政权者，根本有别矣！

毛主席在《整顿三风》一文中，说有书本知识的人，向实际方面发展，然后才可以不停止在书本上，才可以不犯教条主义的错误。我平生所读的是孔孟以来以至宋明儒者的旧书，这些都是要依据马列主义重新估计过的。说不上是教条，然而即以我所得的书本知识说，多半空空的停止在书本上，能向实际方面发展的极少。依老话说，也是只知道坐而言,不能起而行。细细检点我于读书不能实用有所得,病正在此。然则孔孟程朱陆王未尝误我,乃是我误了孔孟程朱陆王也!读毛先生此言不禁汗下。

　　此文未毕即辞师范大学事,遂成陈迹姑留之,以志一时不得已而为是文,其心绪可知也!

简　　历①

敬覆者：

接奉台札，征询鄙人简历，谨条对如下：

泰生于江苏江宁县，今为南京市。幼而多疾，十岁始就傅受经。十三岁入江南格致书院，习英文、算术。以多疾故，时学时辍，所得甚浅。十六岁，乃自费赴日本留学。始入弘文书院，补习日文及普通学科，年馀，考入私立日本大学师范部。时教师中有铃木者，喜言中国朱子、阳明之学，泛泛游者一年，后转而爱好中国哲学文科，盖种因于此。十九岁，以学费不济，返国，会两江师范学堂招聘日人教授各科，需人翻译，乃应两江之约，充任翻译，专译博物一科。前后六年，直至辛亥革命，学堂停顿为止。辛亥后，曾在安庆省立农业学校及第一中学，教博物半年。旋回南京，任江苏公立法政专门学校日文教员。课既不多，而学校去江南图书馆甚近，于是时就图书馆，浏览各部书，渐觉祖国文物遗留之富，爱好之亦渐深。至一九二二年，法政专门改为法政大学，主其事者，乃欲泰舍日文而改授国文，始未敢自信，再三谢之。

---

① 此《简历》为钟泰先生应上海市文史研究馆之聘所撰写。

后经强邀,允暂试,幸未颠蹶。经半年,杭州之江大学托人来聘,以可以阅览文澜阁所藏四库残本,遂去南京至杭州。三年而北伐军兴,先是,曾因友人之介,与陈铭枢相识,乃电邀赴粤,在省府任秘书八月,又调长博罗县,未及三月,力辞而归。乃回之江大学任国文系教授兼主任之任。迨抗战起,泰力主学校内迁,而美人及馀人则主移上海租界,意见不和,泰即与之江脱离。居于浙江建德山中者半年,寇势渐逼,乃转徙至湖南衡山,居南岳山后者又三年。一九三八年,湖南蓝田创立国立师范学院,院长廖世承闻泰在南岳,招往任教,始为中文系教授,继兼中文科主任,前后殆五年。一九四三年夏,接受贵阳大夏大学之聘,任文学院长兼中文系主任、教授,去湖南至贵阳,在职半年。学校迁赤水,泰亦经赤水至重庆,遂辞大夏事。时舍侄兴厚在武汉大学任化学系主任,武汉大学侨寓于四川嘉定。因至嘉定依舍侄,而友人马浮主持复性书院,亦在嘉定乌尤寺,遂相留任书院协纂。数月,而战事胜利结束,遂东归。以藏书旧存建德山中,虽有散佚,存者尚二十馀箱(无)力移动,乃卜居建德。在省立严州中学,教国文历史。至一九四八年,建德不复可居,不得已而来上海,在光华大学任中文系教授。逾年,又兼震旦大学及上海市立师范专科学校课。解放后,仍在光华,曾一度兼任系主任及图书馆主任职务。后光华并入华东师范大学,改任师范大学教授。

泰素患有神经衰弱及心脏衰弱之症。抗战数年中,转徙各地,不得宁居,病根遂深。故自蜀归后,即欲老死建德,不复再出。及来上海,虽加调治,未有殊效。前年冬,参加皖北土改工作,不无辛苦,当时漫不自觉,归后遂时感头眩,又小便频数,时而不能自主。因于去年二月,向华东师范大学申请退休。经组织核准,并为照顾老病,薪水送至七月为止。今家居者已一年半。此泰一生经历之大略也。

窃泰年六十有六,不得谓老,但体弱多病,所谓蒲柳之质,未秋而零。又所学肤浅，任教多年，与人了无所益，理应退藏，以自合盖。惟念国家不欲有弃人，倘许其以待尽之年，缀辑旧闻，遗之来者，外可以润饰鸿业，内可以补赎旧愆，虽才疏学庸，即亦不敢自弃。专此奉覆，并致

敬礼

钟泰

一九五三年八月二十二日

交　心　书

　　解放以前我对于党的认识是甚为模糊的，抗日战争中我从浙江避之湖南，先在蓝田师范学院教书，后转到贵阳大夏大学，其时虽曰联合抗日，但反动政府报纸于陕北消息绝少登载，于新四军亦然。偶一传闻，八路军在敌军后方游击，敌军为之奔命不暇，即争相告语，为之抚掌称快。但亦到此为止，从未想到共产党是怎样一种组织，其军队不同于国民党军队节节败退而能制胜之故安在？这皆由于向来脱离政治，惟知向故纸堆中寻生活，正如恩格斯写给伯恩施坦信中所说，生活条件的狭隘造成了眼界狭隘，以致成了忽略世界大事而只看见自己鼻子的人。在今日看来不独可耻，亦且可笑之至。胜利这一年我已离开大夏到四川重庆成都看了一看，因友人之邀到嘉定复性书院住了三月，日寇投降，随即回到浙江建德清理藏书，其时见政事日非，意志极为消沉，会建德中学想留我教国文，我即欣然允之，打算即在建德终此一生。

　　不图两年之后物价日涨，生活日艰，蒋竹庄先生有信劝我来上海，并在光华大学代我将功课排好，于是到了上海。到上海后耳目较广，方见到延安土地改革的小册子一类刊物，这时于党的政策纲领方始窥见一斑,而淮海战役以后反动政府朝不保夕,默察人心,惟有共产党可以收拾全国,所以大兵渡江之后,上海的人还有怕反动军队固守上海而作垂死挣扎者,我即说破竹之势已成,彼等将逃死不暇,敢久留乎。果然不及旬日,上海即解放了。我时假寓在嘉善路友人家中,闻得解放军前哨已到了淮海路,即奔至淮海路观看,这时大军已麕至,当地居民有担携水饺相犒慰者,皆婉谢而不受,既钦其纪律之严矣;及与军士相语,则态度之温和,语言之恳挚,宛如见着熟人谈心一般,毫不见有兵与民的界限,觉前史艳称岳家军不取民间一丝一缕,比较起来,犹有天壤之别,更不必说军阀时代与国民党时代的军队了。不单军事而已,旬日之内由党接收了各机关,以至工厂银行学校,井井有条,无不措置得当,至此乃知党的组织训练以及政策之施行、人事之调配精整严密周详稳妥。我所望其收拾全国者必能做到无疑,于是我对党的信任遂更进了一步,故到调整各大学,将光华与大夏合并成立华东师范大学时问我有意见否,我即答曰一无意见,全听安排。到师大后,动员教授、讲师到皖北参加土改工作,以我年事较长,要我带头,我即首先响应。在宿县两个月,我第一次与党员同志朝夕相处,我受其感染,得了不少的益处,尤其是丁政委明道掌握政策不激不随,我是万分佩服的;而其和易诚恳,令人乐与相亲,尤为难得。故后来我每向人言"宋有程明道,今有丁明道",共产党诚不可及也。

然则我从此就相信党,一直与党靠拢下去么,却又不然。土改回来后没上几天课,天天开会讨论,这讨论那我已不习惯,有点不耐烦了;而商订中文系课程时,旧文学仅留得历代散文选一门,说是依照北京师范大学的办法规定,上课三小时,预备一小时,复习一小时,与其他课程如近代文选、小说选等,皆是上课三小时、预备三小时、复习三小时,相形之下显见意存轩轾。因此前后争了三次未蒙采纳,及至教研组共商教材时,我说既曰历代散文选自然该从周秦起,从周秦起即该从孔子的六经文中选起,而有人反对,并有否定孔子之言,与我之意大不合，我因以多病为名提出离职，学校几次留我，并且说如不愿意教书可调作图书馆主任，然而我终于辞了。当时自以为守其所学，免被后人说我曲学阿世，而且进以礼，退以义，与拂袖而去终有不同。今日看来仍是知识分子的架子放不下，受不得委屈，并且认不清时代，拿人民当家作主的时代看作从前封建时代一样，我就这样犯了错误，与党离开了。离开党虽不等于与党对立，然而由此走上对立的路是有可能的，真是危险极矣！

我辞职以后又还到我那故纸堆中，闭门读书，颓然自放，有朋友来与我谈到世事者，我辄吟李太白诗"君平既弃世，世亦弃君平"之句以对之，自言已绝意于人事。后来本馆有信与我，说有人介绍我进馆，向我要履历，我以告竹庄说想谢而不受，竹庄大责我，且戏我曰想作隐士耶，我因之大皇恐，即写简历送馆，不及一月馆中送聘书来。这时我乃不觉愧歉，曰我则弃世，世何尝弃我，因党之伟大益见得我之褊狭粗浅，这一下教训我不少，我不但衷心感激而已，故赋一诗呈周孝老，中有句云"浮名何意叨公廪，盛世今知无弃人"，我又从阴暗的角落里回到阳光下来，似乎自己尚有报效国家与人民的地方，与党又靠近了。

所以前年师大开设古典文学研究班，邀我重行回校担任导师，我提供了课程上一点意见后，随即应聘作为兼任。对学校来说我尚有一个意思，当初学校允我辞职时，曾多送了我五个月的薪水，又将工会证交我永久保存，认为我与学校关系未断，并且说接受这两个条件后方让我辞，待我可谓甚厚。我当时虽意气所激，坚决辞了职，但日久境迁，便觉得对学校有些歉然，今有此机会正可以补我之过。又我虽无学问，总算多读了几年书，于古典文学亦似有点心得，藉此传与后学，以一个文史馆员的身分说，也是应当的，所以又回到教书的旧业。然而问题也来了，我既未经过思想改造，于马列主义诸著作一无研究，现在讲解古文学要根据马列主义的观点加以批判，这是一个难题。所幸学校谅解我，说你讲你的，如何批判接受归学生自己负责罢,好在学生都是大学毕业,十五人中且有一半是党员,马列主义都有基础,可以自己掌握这武器来批判古人。因此我第一次上课,即对同学说古典文学你们向我学,马列主义我却要向你们学,有问题提出来大家商量研究。

上了三个学期课讲了《论语》、《孟子》、《庄子》(亦兼带着《老子》讲)、《毛诗》诸书,师生相处亦颇欢洽无间然,而我终是兢兢业业怕犯错误,以为我即不谈马列主义,也应当知道马列主义体系的一个概略,这就促使我阅读马恩列斯以及毛主席、刘委员长各家著作的动机,虽然为时不多,涉猎不广,兼之年老健忘,十难记其一二,但是无形中意识上起了变化,深深认识到阶级斗争的意义,无产阶级专政的必然性与必要。所以当学校中大鸣大放、异论嚣张的时候,我从下意识里就觉得有些不对头,一天上课时我就对同学们说,我看鸣放出了范围了怕要闯祸罢,然而我又怕人说我阻止鸣放,下课时出了课堂门又折回头说,同学不要误会我的意思,我不是要同学不鸣放,不过说话要加以思考,不要没有分寸。在休息时有助教问我何以不鸣放,我即以我不了解学校的实况、不能作不负责任的言论对之。我这时意识自然也是模糊的,中间也夹杂有古圣先贤思不出位及慎言语、戒放言高论的意思。其所以劝班上同学者,也不过是师生相关之意,非是真晓得两个立场,真能辨明大是大非也。不久反右斗争展开,我虽然心中想我固料到有这一天,可是我终不发一言,不卷入这个战场里去,自然是旧的意识,怕多事、怕说错了话这些念头在那里作怪。记得列宁在《论第二国际破产》的文中说过,由于比较和平的进化而产生的守旧思想,遇到急遽的变化,自不免恐惧与怀疑(大意如此),我遇到各种运动时确实是这种情景,所以我自认我缺少革命性、斗争性,我不能迎上时代,而常跟在时代后面走,有时甚至想开小差。即以对党说,我时而靠近时而离开,其靠近也,也是党伸手接我,我才靠近,是被动而不是自动争取。

总结起来，我这个小资产阶级知识分子毛病着实不少。第一是顽固二字，我幼受父兄之教，长好程朱之学，一生谨身饬行，不敢稍有偭越规矩之事，自以为虽算不了什么学者，总不失为一个束修自好之士，依此做去当无大失，因此要求我改变，非使我真实信服，我是不易接受的。前次听曾秘书长的报告，提到了"女为君子儒，无为小人儒"两句书，我当时却似受了当头一个棒喝，吃了一惊，儒字未够得上，不幸却作了小人。因又想到另一句书"硁硁然小人哉"，硁硁就是坚固不化之义，我之不免为小人之儒，病根正坐在这上面，此其一。第二是自私二字，我虽不似杨朱拔一毛利天下而不为，而如墨子之磨顶放踵、百舍重趼而不息，却视为其为人太多，其自为太寡。我读过顾亭林的文章，亭林《郡县论》说"天下之人各怀其家、各私其子，其常情也，为天下、为百姓之心，必不如其自为，此在三代之上已然矣，圣人因而用之，用天下之私以成一人之公（此一人指天子，也就是指天下、国家，观下文可知），而天下治。"我于是为自私找到了论据，并且狂妄地断为共产主义不可行，直到大跃进后各地人民公社纷纷成立，农民弟兄的自留地一一献出，毫无保留，然后我这个论据根本摧毁，我方晓得不是有私而后有公，乃是有公而后有私，此其二。

前一病乃是从我所受的教育上产生，亦即是从我"知识分子"这四个字来的，后一病乃是从我的阶级成分上产生，即是从"资产阶级"这四个字来的。然则叫我作资产阶级知识分子，我更何辞？在这两种病外尚有一病却是由教育与阶级两个上头并产生出来的，前面所说的我缺少革命性、斗争性，即是懦弱病的表现，然而尚不止此，因为我懦弱，我虽自私而遇到争夺名利时我便常退让；因为我懦弱，我虽顽固，遇到意见争执时我亦常屈从。在这懦弱的毛病下，往往使人看不出我的自私与顽固，有时还博得谦逊与恬退之名。合此三病，便将我妆点成这么一个四平八稳，似乎无訾无议的人，这正是病到了腠理，非外敷之药所可治疗的。我很幸运遭逢到这个时代，遇到了共产党这个大医王，我将此心与此身交与党，或针或灸，或服药，或汤或散，乃至动手术割治，一切惟医王之命是听，我庶其有瘳乎！更望本馆领导与同馆诸老先生，以及馆中诸同志批判指教。

钟泰

一九五八年十月九日